أسرار قوة التأليف


كيف تؤلف كتابا في 10 أيام ؟

الافصاح عن إستراتيجيات الخبُراء في التأليف والنشر والإستثمار العلمي


تأليف

د.سيف السويدي                    د.مريم العاني

اسم الكتاب: كيف تُؤلف كتابا في 10 أيام ؟

المؤلفين: د.سيف السويدي  – د.مريم العاني

الطبعة الأولى : 1442 هـ – 2021 م

مقاس الكتاب : "6 * "9

عدد الصفحات : 95

حقوق النشر : منصة أُريد الدولية

رقم التسجيل الدولي ISBN :

ماليزيا – كوالالمبور

arid.my | info@arid.my

إهداء

يُسعدنا أن نُهدي هذا العمل إلى كل من ينتفع به حول العالم.

ونسأل الله أن يُعمم نفعه بين الناطقين بلغة الضاد ، وأن يكون سببا في

الارتقاء بحالنا في الدارين نحو حياة أفضل .

بسم الله الرحمن الرحيم

تقديم

**الدكتور طه احمد الزيدي**

**عضو الهيئة الاستشارية العليا لمنصة اريد**

الحمد لله ذي اللطائف والمنن أمر عباده ان يقولوا التي هي احسن، والصلاة والسلام على رسوله المبعوث بأعظم كتاب وخير السنن، وعلى آله وصحبه أجمعين ..أما بعد:

فإنّ التأليف مسلك جليل وعالم جميل، يختزل التعبير الفني عن تجربة فريدة أو فكرة سديدة أو مسيرة حياة رشيدة، بكلّ ما فيها من تحديات وآلام وآمال، ونجاحات وانكسارات، وقد استظلت بقوة الارادة ومبتغى الريادة، التي تجعل صاحبها يغادر من التجربة الى المكتبة، ومن حدائق الافكار الى روائع الاسفار، ومن مشاهدات التصور ومدونات التوصيف إلى سجلات التأليف وميادين التصنيف، وهذا بحد ذاته انجاز عظيم جديد يضاف لصحائف الآثار الخالدة في هذه الحياة ودار السعادة.

وسبق أن قررت في الحديث عن تجربتي، أن التأليف: عبادة وهوية ورسالة ومسؤولية:

- عبادة: تحتاج إلى اخلاص وخشية واحترام الشرع وإرادة النفع.

- وهوية: للتعبير عن الذات والرؤى بصورة ايجابية.

- ورسالة: لأجل الاصلاح ليكون كتابك سلم ارتقاء في البناء الحضاري.

- ومسؤولية: لضبط الاندفاعات الفكرية في ظلال حرية مسترشدة.

وأما دوافع المؤلفين للكتابة فيمكن إجمالها بالآتي:

- الكتابة لأجل التسلية.

- أو لإشباع شهوة الظهور وحب الشهرة.

- أو لتخرج من عقلك وفؤادك ثقل المعلومات وتراكم العواطف.

- أو لتتحرر من الانانية المعرفية، فلا تجعل الحقيقة أو التنمية المعرفية تقف عندك بل تنقلها للآخرين، فأنت قرأت لترتقي بنفسك وتكتب لترتقي بالآخرين أو من يأتي بعدك.

- أو من أجل الإضافة النوعية للمعرفة، وتحقيق التواصل البناء مع الآخرين من عظماء البيان وقادة الفكر وصناع الرأي العام.

- أو من باب الوفاء لوظيفة التبليغ (بلغوا عني ولو آية).

وهذه من أعظمها، وأجمعها لمقاصد التأليف:

- فهو وفاء لله الذي وهب العقل والقلم (علّم بالقلم ،علّم الإنسان ما لم يعلم ).

- ووفاء لمن سبق؛ لأنهم مهدوا السبل.

- ووفاء لمن في عصرنا تلاقحا وتلقيا.

- ووفاء للقادم ليكمّل الطريق بالعقول نحو الحقيقة الكبرى.

وقد يمتلك أحدنا هذه المعاني التي تجعلنا مؤهلين للكتابة ، ولكن تبرز أمامنا اشكاليتين:

الاولى: إجادة صناعة التأليف وهندسة الكتابة، ومعلوم أن هذه الصناعة لها ركائز ومقومات لا بد منها لتكون متقنة بغض النظر عن الزمان والمكان، وهذا ما دفع العلماء الى التأليف

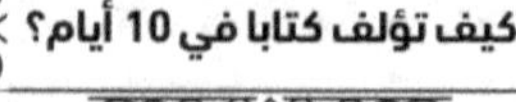

في صناعة الكتابة شعرا او نثرا أو انشاء، كما أن لها خصائص تتأثر بلغة العصر وأساليبه وهذه تتأثر بالزمان والمكان ولذا ينبغي مراعاة تطور بناء المحتوى المعرفي بما يتناسب مع العصر.

والثانية: طباعة الكتاب ونشره وتسويقه، وهذه ايضا صناعة تتأثر بالتطور التقني لوسائل الإعلام وأدوات التواصل المعرفي، وقد لا يملك الكاتب حرفية هذه الصناعة فيحتاج الى متخصص بفن الطباعة وصناعة النشر وإدارة التسويق الناجح.

واحسب أن مؤلفي هذا الكتاب الزوجين المبدعين متعددي المواهب الدكتور سيف السويدي والدكتورة مريم العاني، استطاعا من خلاله معالجة هاتين الاشكاليتين بلغة سلسة جلية وأسلوب ماتع جامع، وخطوات منهجية واجرائية متقنة ومتكاملة، واستحضار لتجارب عالمية غنية وخبرات تخصصية تراكمية، ليرسما أمام من لديه موهبة التأليف خارطة طريق ليخرج بنتاجه من اسوار الذهن وقيود الورق وأقفال ذاكرة الحاسوب، الى آفاق المكتبات الورقية والرقمية، ومنها الى عيون القراء وعقول الخبراء وافئدة العلماء.

إنّ هذا الكتاب يشكل اضافة نوعية في المكتبة العربية وينبغي على طلاب العلم والمعرفة وأهل الخبرة والتجربة، الحرص على اقتنائه ومطالعته وتوظيف ما اشتمل عليه من اسس ومبادئ؛ لنقل أفكارهم وتجاربهم الى الآخرين.

وادعو الله تعالى أن يوفق المؤلفينِ وأن يبارك لهما في عملهما هذا، وأن يكتب القبول والرواج لهذا الكتاب ويجعله في ميزان حسناتهما ، إنه ولي ذلك والقادر عليه، والحمد لله رب العالمين.

★★★★★

## المقدمة

الحمد لله رب العالمين والصلاة والسلام على أشرف المرسلين سيدنا محمد وعلى آله الطيبين الطاهرين وصحبه الغرّ الميامين ومن تبعهم بإحسان الى يوم الدين ..وبعد:

فالهدف الاساسي لهذا الكتاب هو تبسيط مفاهيم التأليف واستنهاض همم الطاقات الشبابية للكتابة وصناعة الكتب ونشرها. فقد حضرنا العديد من الدورات وورش العمل في مجال التأليف والنشر وآخرها كان مخيم تدريبي في ماليزيا لمدة ثلاثة أيام لمؤسس دار نشر كندية "روبرت جيري" يُبسط مفاهيم التأليف والنشر فحاولنا في هذا الكتاب تجميع وتلخيص استراتيجيات الخبراء في التأليف وكذلك نقل خبرتنا الشخصية في هذا المجال. وهنا لا نقصد تأليف الكتب العلمية التي قد تستغرق صناعتها سنة أو سنتين أو أكثر وانما مشاركة أي مهنة أو مهارة أو فكر بشكل مكتوب وتحويله إلى كتاب وحصولكم على قيمة أرقى واسمى في المجتمع لأنك أصبحت مؤلفا.

يمكن أن تختار الطريقة او المدرسة التي تفضلها في التأليف فقط ذكرنا طرائق تأليف عدة لخبراء حول العالم، وإن شأت فاتبع طريقة ابن سينا في التأليف حيث يقول "إنّه كلّما كنت أتحيّر في مسألة لم أظفر بالحدّ الأوسط في القياس، ذهبتُ إلى الجامع وصلّيتُ وابتهلتُ إلى مبدِع الكُلّ حتى يفتح لي المُنْغَلِق، ويتيسّر المتعسّر، وكنتُ أرجع في الليّل إلى داري وأضع السّراج بين يدي وأشتغلُ بالقراءة والكتابة، وحين يغلبني النّومُ أو أشعرُ بالضّعف عدلت لشرب قِدح من الشّراب لأستعيد قوّتي ثمّ أرجعُ إلى القراءة وحالما يأخذني النّوم أحلم بتلك المسألة بأعيانها وتتضح لي وجوهها، فجميع العلوم التي وقفتُ عليها وتعلّمتها كانت في منامي".

نسأل الله -عزَّ وجلَّ- أن يجعل في هذا العمل منفعة وفائدة يجني منها الباحث الأكاديمي ثمارًا طيبة تعينه على إحراز مزيد من التفوق والنجاح في مساره العلمي.

والله وليُّ التوفيق.

★★★★★

## تمهيد

ونحن نبحث عن بعض الأفكار المتعلقة بموضوع صناعة الكتب، سمعت مراهقاً بعمر 13 عاماً وهو يتحدث كيف استطاع تأليف كتاب وبيعه على الإنترنت، كانت في الحقيقة تجربة فريدة من نوعها حيث أنه بدأ بتدوين أفكاره ومشاهداته على أوراق القصاصات، ثم خطر في باله أن يقوم بتجميعها ضمن كتاب ويعرضه على دار نشر، وهذا ما حصل بالفعل، إذ استطاع تحويل تلك الأفكار والمشاهدات إلى كتاب قيّم للبيع.

ولهذا، فليس شرطاً أن تكون عالماً أو حاصلاً على شهادة أو مجموعة من الإجازات العليا في مجال تخصص معين حتى تؤلف كتاباً، وإنما بوسعك أن تحيل تجاربك الشخصية وبعض المشاهدات والقصص الحياتية إلى كتاب، وهو ما سنتحدث عنه في الفقرات القادمة.

## محتويات الكتاب


إهداء ........................................................................ 3

المقدمة ...................................................................... 7

تمهيد ........................................................................ 9

الفصل الأول: محتويات الكتاب و مواضيعه ..................... 13

1. عنوان الكتاب ................................................. 13

أمثلة متنوعة للعناوين الصادمة والجاذبة التي تشد انتباه القارئ: ...... 14

استراتيجيات ابتكار عنوان جذاب لكتابك: .......................... 19

2. المقدمة ...................................................... 19

3. التقديم: ..................................................... 20

4. تنظيم الفصول ............................................. 20

5. جدول المحتويات ......................................... 20

استراتيجيات تأليف الكتاب: ....................................... 21

نظام التمويل: ................................................... 23

ملاحظات مهمة: ................................................ 26

اللاءات الثلاثة: ................................................. 28

مثال تطبيقي1: ................................................. 28

مثال تطبيقي2: ................................................. 29

مثال تطبيقي 3: ................................................. 30

إرشادات مفيدة: ................................................ 32

الفصل الثاني: استراتيجيات الكتابة ............................................ 34

معوقات صناعة الكتاب: ..................................................... 35

لماذا لا يعدُّ ترفاً أن نتعلم كيفية صناعة الكتب؟ وما هي أهمية الكتاب ومزايا تأليفه؟ ............................................................ 38

إضافات مفيدة: ......................................................... 40

صفات الكتّاب الناجحين: ................................................. 41

انواع التأليف: ......................................................... 42

اقسام التأليف: ........................................................ 43

الافكار اللازمة للكتابة: ................................................ 44

خطوات تأليف الكتاب: ................................................. 46

المرحلة الاولى – التخطيط: .............................................. 46

مثال تطبيقي يوضح كيفية تحديد الهدف والشريحة المستهدفة والمشاكل التي تعانيها: ............................................................. 50

تمرين و بعض الامثلة لِحله ............................................... 51

أمثلة عملية: ........................................................... 51

تمرين عملي: .......................................................... 53

المرحلة الثانية – البحث: ................................................ 56

تنظيم المعلومات اثناء البحث: ........................................... 56

ملاحظات اثناء عملية البحث: ........................................... 57

المرحلة الثالثة – التنقيح او المراجعة: .................................... 57

استراتيجيتي الشخصية في تخصيص واستغلال الوقت: ....................... 57

المرحلة الرابعة –النشر: ................................................ 58

طرق الترويج لكتابك ................................................ 58

استراتيجيتي الشخصية في الكتابة والتأليف: ................................ 59

مثال توضيحي ........................................................ 62

كيف تُكمل بقية الصفحات وتدرج صفحات إضافية؟ ........................ 63

أفكار ونصائح: ...................................................... 64

استراتيجيات المقابلة: ................................................ 65

نصائح: ............................................................ 66

الفصل الثالث: النشر اونلاين ............................................ 67

التعريف بموقع لولو: ................................................ 67

خطوات النشر في موقع لولو ............................................ 67

الخاتمة ............................................................ 94

المصادر بعد القرآن الكريم ............................................ 95

# الفصل الأول: محتويات الكتاب ومواضيعه

ان من اهم الاقسام الرئيسية لكل كتاب هي: عنوان الكتاب، المقدمة، التقديم، تنظيم الفصول و جدول المحتويات.

## 1. عنوان الكتاب

إن عنوان الكتاب هو اللبنة الأولى في صناعة أي كتاب تريده، وجدير بالذكر أن استخدام ذلك النوع من العناوين التي تدعى بالعناوين الصادمة أو الجاذبة المشوقة، له دور كبير في شدّ انتباه القارئ وإثارة رغبته لقراءة محتوى كتابك، مثال ذلك:

1- كيف تستطيع التغلب على الخوف في 50 دقيقة؟

2- كيف تتمكن من التغلب على .......... (ضع ما تشاء في الفراغ: الفقر مثلاً).

يُستحبُّ في عنوان الكتاب البساطة والوضوح، وأذكر على سبيل المثال مفهوم "الصمت الاستراتيجي"، الذي لو تم استخدامه وحده في العنوان فقد لا يجلب الانتباه، لأنه مفهوم مبهم يثير العديد من الإشكاليات من مثل: ما المقصود بالصمت الاستراتيجي؟ هل هو سحر؟ أو فيزياء؟ أم استراتيجية؟

أما لو تم وضع هذا المفهوم ضمن عنوان من العناوين الصادمة أو الجاذبة المشوقة فسيعمل ذلك على شد انتباه القارئ.



- هل ترتكب أياً من هذه الأخطاء .......؟

- أسرع طريقة ...... (للثراء / للنجاح / للتعلم / إلخ).

- خمس طرق ملتهبة....... (لتصبح مديراً ناجحاً / لتأسيس عملك الخاص / إلخ).

- كيف يمكنك أن تصنع ثروة؟

- كيف يمكن أن تدفع مبلغاً أقل .....؟ (لشراء بيت / للتعلم / للحصول على شهادة / إلخ).

ومن بين استراتيجيات صناعة العناوين وضع عنوان رئيسي يلحقه عنوان فرعي، مثال ذلك:

- عنوان رئيسي: أفكار رائعة لصناعة المال.

عنوان فرعي: لماذا ينجح بعض الناس في ......؟ ( تحقيق الثراء ).

- 101 طريقة تساعدك في ...... (العلاقة الزوجية / ارتقاء السلم الوظيفي).

- وأخيراً تم اكتشاف السر لـ ..... (لتصبح مليونيراً / لتغدو عبقرياً كآينشتاين)

- السر الرائع ....... (وراء النجاح / للتفوق الدراسي).

- أسهل الطرق لـ ....... (العمل الحر عبر الإنترنت / الحرية المالية / الدراسة المجانية).

- كيف يمكن أن ..... على ...... (كيف يمكن أن تحصل على المال).

- ماذا ينبغي عليك أن تعلم قبل عملية الشراء؟

- أين المال ..وكيف يمكنك الحصول عليه؟

- ......... اكتشف الخبراء (ضع الموضوع المناسب في الفراغ ليكتمل عنوان كتابك).

- كيف يمكن أن ..... في أقل من ..... (كيف يمكن أن تحقق الحرية المالية في أقل من سنة مثلاً).

- كيف تحصل على ....... (كيف تحصل على كتاب مجاني / تذاكر مجانية / دورة مجانية).

- هذا الكتاب سيجعلك أغنى بـ ....... (هذا الكتاب سيجعلك أغنى بـ 10000 دولاراً).

- كيف يمكنك زيادة ...... بمقدار ........ (كيف يمكنك زيادة ثروتك بمقدار %100).

- كيف تقوم بزيادة .... وتقلّل ..... (كيف تقوم بزيادة دخلك الشهري وتقلّل ساعات العمل).

- الأخطاء العشرة التي يرتكبها الجميع عندما يقومون بـ ....... (التسوق / إنشاء شركة).

- عشرة حلول سريعة لمعالجة ...... (الكسل / التعب / إضاعة الوقت).

- اشحن طاقتك / حفّز فريقك / إلخ.

- 29 شيئاً يجعلك مختلفاً من حيث .... (الشخصية / العمل).

- هل أنت عازب؟ مخلص؟ جاد؟ وإلخ من كلمات تلحقها بعلامة استفهام لتثير الاهتمام.

- الأخطاء الستة التي تكلفك الكثير.

- إذا أردت أن تعرف عن الـ ....... (صناعة الثروة / كيفية تحقيق الاستقلال المادي).

- الطرق الأربع عشرة للتغلب على ...... (التوتر / الإرهاق).

- الطريقة السهلة والبسيطة لـ ....... (خسارة الوزن / النجاح).

- 22 طريقة / الأسرار الثمانية / للتغلب على ...... (الإحساس بعدم الثقة).

- ثماني حقائق لـ (التغلب على الفقر / التخلص من التسويف).

- الأخطاء الثمانية التي يمكن أن تتجنبها في ..... (العمل لحسابك الخاص / الزواج).

- الاستراتيجيات الثمانية التي تستطيع من خلالها ..... (تحقيق التفوق الدراسي).

- ثمان خطوات لـ ..... (العمل الحر / صحة مثالية).

- ثمانية أسرار لا تعرفها عن ...... (تربية الطفل / المرأة).

- ثمانية أشياء تتشارك فيها مع .... (الزوجة / الأصدقاء).

- الأشياء الثمانية التي يجب أن تعرفها عن ...... (التسويق عبر الإنترنت / التصميم).

- سأطلعك في عشر دقائق على حقيقة ...... (صناعة الثروة / النجاح).

- السر وراء ...... (التفوق في مختلف مجالات الحياة / حياة زوجية ناجحة).

- أسرار حياة ... (المليونير / المشاهير / الفنانين).

- ثمانية أشياء ...... تعدُّ ضياعاً للوقت (تفعلها كل يوم / تركز عليها خلال عملك).

- احذر من ...... (النوم والهاتف المحمول إلى جانبك).

- لا تنخدع بـ ...... (الدعايات).

- كيف تتعامل مع ...... (الشخصيات الصعبة / مدير سيء).

- كيف تخسر ... من خلال .... (كيف تخسر الوزن من خلال تناول 8 وجبات يومياً).

- القوانين التي لا تتبعها عندما تقوم بـ ......... (أداء عملك / تناول طعامك).

- الدليل السهل لـ ......... (الدراسة الذكية / للريادة).

- ثمانية قوانين حول ...... (الشخصية الجذابة / إيجاد وظيفة براتب جيد).

- لماذا أنا أكره .... (إضاعة المال).

- لماذا ...... أفضل من ...... (لماذا عملي أفضل من عملك).

- العلامات الثمانية التي تخبرك ..... (عن مدى نجاحك / تفوقك الوظيفي).

- استخدام ثماني استراتيجيات مثل المحترفين.

- كيف تحقق ... أعظم مقابل ... أقل (كيف تحقق نتائج أعظم مقابل مجهود أقل).

- 70 طريقة للنجاح / للفشل / للنمو / وهكذا.

- الدليل الشامل / السحري لـ ..... (وزن مثالي / الحرية المالية).

- 70 طريقة أكيدة تحقق لك نتيجة سريعة.

- ما هو أفضل....... (حل لمشكلة النعاس النهاري / وقت للعمل).

- الجميع يحب ...... (كسب المال دون بذل جهد كبير).

- كن في علاقة مع ..... (عملك) - كيف تحب ..... (دراستك).

- كل ما تريد معرفته عن ...... (تركيا / ماليزيا).

- 101 معلومة عن ...... (النهضة التركية / النجاح المبهر).

- ما يقوله الخبراء عن ........ (المرأة وريادة الأعمال).

- 100 طريقة لـ ........ (لريادة الأعمال الناجحة).

- مفهوم الحروف السبعة لقراءة الخطوط السبعة التي يجب أن يعرفها كل إنسان.

- الطرق العشر في إدارة الوقت للمرأة الذكية.

- كيف تنجزين أكثر / كيف تنجزين بذكاء.

- ماذا تعرف عن الصمت الاستراتيجي؟

- أسرار الكاريزما / أسرار الثراء من خلال العمل الحر عبر الإنترنت.

- اعمل بصمت وأنجز أكثر.

- لا تضيع الوقت في العمل.

- عنوان رئيسي: كيف تحصل على مشترياتك مجاناً؟

- عنوان فرعي: كيف يمكن أن تزيد دخلك وتقلل مصروفاتك؟

## استراتيجيات ابتكار عنوان جذاب لكتابك:

1- ابتعد عن العناوين التقليدية بتضمين عنوان كتابك كلمات جاذبة مثل (سر / أسرار / طرق مبهرة / خفايا / ما لا تعرفه / حقائق صادمة / إلخ).

2- استخدم الأرقام 8 / 22 /101 والتي يعتقد الخبراء أنها تشد الانتباه أكثر من غيرها من الأرقام.

3- استعمل العناوين الصادمة مثل: ما لا يفصح عنه الخبراء حول الصمت الاستراتيجي / إلخ.

4- نمذجة الكتب: أخذ فكرة عنوان وغلاف كتاب ما ومحاكاة ذلك في كتابك.

5- الاطلاع المنتظم على العناوين: كأن تزور متجراً لبيع الكتب وتمضي نصف ساعة كما كنت أفعل في ماليزيا بهدف أخذ فكرة عن عناوين الكتب المختلفة.

6- يعتقد الخبراء أن الانتباه يتراوح ما بين 7 و12 ثانية، فعليك استغلال هذه المدة الوجيزة لجذب اهتمام القارئ وشدّه إلى الكتاب.

## 2. المقدمة

مقدمة الكتاب مهمة جداً حيث يعرض فيها المؤلف افكاره التي طرحها في الكتاب بشكل مختصر للقارئ. و من اهم الاسئلة التي يجب ان تجيب المقدمة عليها هي:

- عم يتحدث الكتاب؟

- ما الذي دعاك للكتابة؟

- كيف سيوسع هذا الكتاب معرفة القارئ بالموضوع؟

### 3. التقديم:

و هو مختلف عن المقدمة، و يسمى ايضاً التقريظ. فالمقدمة يكتبها المؤلف نفسه للتعريف عن كتابه، اما التقديم فيكتبه عادة شخص له مكانة علمية في موضوع الكتاب. فهو يعطي الكتاب مزيداً من المصداقية (و الدعاية أيضاً) لكن يجب تجنب المبالغة التي لا داعي لها لأنها تودي بنتائج عكسية.

### 4. تنظيم الفصول

يتم تقسيم الكتاب عادة الى عدة فصول، حيث ان من المفيد أن يبدأ الفصل بملخص يوضح ماسيتم عرضه فيه بشكل مختصر. كما يمكن أن يُختم الفصل بملخص يختصر موضوعات الفصل الأساسية في نقاط قليلة.

### 5. جدول المحتويات

و هو من الامور المهمة التي تتجه اليها عين القارئ قبل ان يقرر شراء الكتاب. كما يسهل الوصول الى الموضوعات و الفصول المختلفة للكتاب. و يكون عبارة عن جدول توضع فيه الفصول و العناوين الرئيسية للكتاب مع ارقام الصفحات.

## استراتيجيات تأليف الكتاب:

1- تحديد موضوع الكتاب والهدف منه: يعدُّ تحديد الموضوع الذي تريد طرحه والهدف من ورائه أمراً أساسياً لا بد من القيام به قبل الشروع في تأليف أي كتاب، فسفينة لا وجهة لها لن تصل بصاحبها إلى أي مكان.

2- الفئة المستهدفة: معرفة الجمهور المستهدف لطرح الكتاب بطريقة تتماشى مع رغباته واحتياجاته، فضلا عن ضرورة التعرف على وسائل الاتصال التي يستخدمها والأماكن التي يتواجد فيها وإلخ.

3- السوق: قبل أن تضع عنواناً لكتابك عليك معرفة السوق الذي تتوجه إليه، من حيث القوة الشرائية والأشياء المطلوبة أكثر من غيرها ومنافذ البيع المعتمدة وغير ذلك.

4- العنوان: وضع عنوان جذاب يشد القارئ كما أسلفنا، فالتخطيط لتأليف أي كتاب يبدأ من العنوان.

5- الكلمات المفتاحية: اختر مجموعة من الكلمات التي يمكن أن تتعلق بالموضوع الذي تريد طرحه عبر كتابك، ومن خلالها يمكن أن تضع عناوين وموضوعات لفصول الكتاب.

6- الغلاف: انتقاء غلاف يناسب محتوى الكتاب ويتضمن صورة ملفتة تعبر عمَّا بداخله.

إن كتاب 'فكّر تصبح غنياً' لصاحبه نابليون هيل، يعدُّ واحداً من الكتب الأكثر نجاحاً على مرّ التاريخ، حيث حقق شهرة واسعة ومبيعات على نطاق واسع، ثم أخذ الناس

من بعده بمحاكاة عناوين على النمط ذاته من مثل: فكّر تصبح ناجحاً / انشر تصبح غنياً / وهكذا.

بزغت فكرة الكتاب من رغبة نابليون هيل في تأليف كتاب حول الثراء، وبما أنه لم يكن ثرياً حينها، لذا قرر الالتقاء بعشر شخصيات ونقل خبراتهم، ثم باع كتابه ليصبح واحداً من أثرى الأثرياء في عصره، لذلك أنصح بشدة بقراءته لما فيه من أفكار قيمة.

يمكنك الاستفادة من عناوين مئات الكتب التي صدرت حتى يومنا هذا، فتأخذ عنواناً لكتاب ما وتحاكيه بتغيير كلمة أو بضع كلمات ضمن العنوان، مثال ذلك كتاب بعنوان "خرافة ريادة الأعمال" – يمكن أن تجعل عنوان كتابك على نمطه "خرافة الثروة مقابل ساعات عمل طويلة"، كتاب "فن البداية" يمكن أن تحاكي هذا العنوان كالآتي "فن النجاح"، "فن الغنى الفاحش"، كتاب "لا تكن كبشاً" يمكنك جعله مثلاً "لا تكن فقيراً" – "لا تكن كسولاً" –"لا تكن موظفاً".

## نظام التمويل:

كيف تقوم بتمويل كتابك؟

جدير بالذكر أنه عليك ألا تعلق آمالاً كبيرة على بيع الكتب، ففي أحسن الأحوال قد تبيع ألف نسخة في السنة، فلا تحصر تفكيرك في هذا الموضوع، بل ليكن تركيزك منصبًّا على القيمة التي تقدمها للناس من خلال كتابك، أما طرق التمويل المتبعة فهي:

### أولاً– تحديد الجمهور المستهدف:

يعدُّ تحديد الشريحة الجماهيرية المستهدفة من المراحل الأساسية في تمويل كتابك، ثم في أثناء المراحل الأولى من تأليف الكتاب يمكنك التوجه إلى المؤسسات التي تستهدف الجمهور ذاته، فتعرض على مؤسسة ما على سبيل المثال وضع اسمها ومعلومات عنها وعن خدماتها في آخر صفحة من كتابك، ما يضمن لها إعلاناً مجانياً مدى الحياة، مقابل شراء مائة نسخة من الكتاب، كما يمكنك أن تحدد أكثر من شركة واحدة تتوجه إليها بالعرض ذاته، فتبيع على سبيل المثال 100 نسخة من الكتاب لكل شركة من أصل 4 شركات، وهذا يحقق لك تمويلاً جيداً لكتابك.

من الأفكار التي يمكن الاستفادة منها أيضاً هي إعطاء إحدى المؤسسات الحق في كتابة فصل كامل من كتابك، مقابل شراء أكثر من 100 نسخة.

## ثانياً- الإعلانات:

وهي واحدة من أشهر طرق التمويل، حيث يمكنك على سبيل المثال التوجه إلى إحدى الشركات التي تخطط للمشاركة في أحد المعارض السنوية التي تكثر فيها المنافسة، وتعرض على القائمين عليها تقديم كلمة في حفل افتتاح المعرض وعرض نسخ مجانية من كتابك، داعياً المتواجدين للذهاب إلى الجناح الذي تتواجد فيه الشركة المشاركة التي اتفقت معها مسبقاً على شراء نسخ من كتابك وعرضها مجاناً في الجناح الخاص بها ضمن المعرض، وهي فكرة ذكية قد تسمح لك ببيع ما يصل إلى 1000 نسخة من الكتاب لشركة مستعدة لدفع آلاف الدولارات مقابل كسب الزبائن.

## ثالثاً- التسويق عبر وسائل التواصل الاجتماعي والجماهيري:

حيث يمكنك تسويق كتابك مستخدماً الإعلانات المجانية والمدفوعة عبر فيسبوك وانستغرام وغيرهما من وسائل التواصل الجماهيرية كالجرائد وغيرها.

## رابعاً- التعاقد مع دور النشر:

من التساؤلات التي قد تتبادر إلى ذهنك:

- التعاقد مع دار نشر لطباعة 1000 نسخة قد يكلفني 5 آلاف دولار!

- كيف أسوّق لكل هذه النسخ؟

- من سيطبع كتابي؟

- من سيقبل التعاقد معي؟

## – من أنا حتى أؤلف كتاباً وأطبعه على شكل ورقي؟

لكن الآن كل هذه المفاهيم تغيرت تماماً، مع استخدام التقنيات والأدوات التكنولوجية الحديثة، حيث استحدثت طريقة اسمها POD أي الطباعة عند الطلب، فعندما يقوم شخص بشراء كتابك ويدفع ثمن الكتاب 10 دولارات على سبيل المثال، فإن المؤسسة تتكفل بطباعة الكتاب وشحنه له، وبالتالي أنت لست مضطراً لطباعة 1000 نسخة حيث يمكنك الاكتفاء بطباعة نسخة واحدة، من خلال العديد من المواقع التي توفر هذه التقنية مثل موقع "لولو" (lulu.com) الذي يمثل مطبعة مقرها في أمريكا تعتمد الطابعات التي تقوم بطباعة ملفات الـ PDF على الورق دون حاجة لفريق من العمَّال كما في الطريقة التقليدية للطباعة، بحيث يجهز الكتاب بالكامل خلال بضع دقائق فقط.

يمكنك التسجيل في الموقع مجاناً بالضغط على Create, publish and sell your book لترفع أي كتاب تريد طباعته بصيغة PDF من خلال الخيار Upload، وعندما يقوم أحدهم بشراء نسخة من الكتاب، يقوم الموقع بطباعته بطريقة الطباعة عند الطلب، مستقطعاً حوالي 4 دولارات ما يعادل 20% من المبلغ الإجمالي، ويعطيك 80% من السعر المطروح، ويتم إرسال الأرباح إلى حسابك على البي بال (paypal). وسنقدم في الفصل الثالث شرحاً مفصلاً عن الموضوع وكيفية النشر.

والعكس صحيح فعند التعامل مع دور النشر المحلية فإنها تأخذ نسبة 80% من إجمالي سعر الكتاب، وتعطيك 20% من الثمن المعروض للبيع، ولذلك فإن موقع "لولو" يختصر عليك الكثير من الأمور مثل تعقيدات العقود المبرمة فيما بينك وبين دور النشر وغير ذلك، كما يضمن لك هامش ربح أعلى.

لكن يمكنك الاستفادة من دور النشر المحلية في طباعة 100 نسخة من كتابك مثلاً، بهدف استخدامها في التسويق والترويج من خلال زيارة المؤسسات ومقابلة الشخصيات المهمة.

## ملاحظات مهمة:

### 1) جوجل سكولر: Google Scholar

من المعروف أن جوجل عبارة عن محرك بحث يسمح للمستخدمين بإجراء بحث حول أي موضوع، أما Google Scholar فهو عبارة عن محرك مخصص للبحث العلمي، ومهمته إجراء بحث ضمن المكتبات في الجامعات والمؤسسات العلمية.

يمكنك الوصول إلى الموقع من خلال كتابة Google Scholar في محرك بحث جوجل، ثم البحث عن أي موضوع تريده، فلنأخذ على سبيل المثال "تربية الأطفال"، حيث يظهر لك بعد كتابة هذا المصطلح ضمن محرك البحث المذكور 2210 نتيجة من بحوث وكتب وغير ذلك من مصادر يمكنك الاستعانة بها لإثراء كتابك.

2) مقولة "كتابُ العالِم ولدُهُ المخلد":

وتعني أن من يؤلف كتابا يبقى ذكره خالداً ، وهو بمثابة الولد الذي يموت.

3) أول كتاب هو الأصعب:

ذلك يعني أن عليك المواظبة وعدم اليأس وسيغدو تأليف الكتب أمراً سهلاً مع الوقت، ولا تنسَ أن تجدّد النية على الدوام مع الله سبحانه وتعالى، وأن يكون كتابك خالصاً لوجهه، حتى لو كنت تطمح إلى تحقيق ربح مادي، فلا ضير في ذلك.

4) استرشد دائماً بالعبارة التالية "ما كان لله يبقى وما كان لغير الله يفنى". احتسب الاجر من الله سبحانه و تعالى لكي تكون كتابتك عبادة او على الاقل امراً مباحا يخلو من الاثم. و تذكر قول رَسُولَ اللهِ ﷺ: إِذَا مَاتَ ابنُ آدم انْقَطَعَ عَنْهُ عَمَلُهُ إِلَّا مِنْ ثَلَاثٍ: صَدَقَةٍ جَارِيَةٍ، أَو عِلْمٍ يُنْتَفَعُ بِهِ، أَوْ وَلَدٍ صَالِح يَدْعُو لَهُ. و ضع في حسبانك أن ما تنشره سوف يخرج عن سيطرتك وسيبقى بعد موتك، فكن حذراً في كتاباتك. لأن ما تكتبه سيبقى في سجل اعمالك فهل ستكون راضياً عنه يوم القيامة ام ستود لو لم يكن موجوداً؟

5) لا تكن أبداً منحازاً أو متطرفاً في الطروحات العلمية أو غيرها، فعلى الكاتب أن يكون أرقى وأسمى من النزاعات أو الميل لجهة ومعاداة جهة أخرى، فكن وسطياً في كتاباتك.

اللاءات الثلاثة:

1) لا تكتب في موضوع وأنت غير متأكد منه.

2) لا تكرر جهود الآخرين دون إضافة: فلا تأخذ كتابات الآخرين كما هي، بل قم ببعض التغيير وضع لمساتك الفنية وإسهاماتك، وأعد صياغة النص بأسلوبك.

3) لا تختر موضوعاً لا يهم الجمهور.

مثال تطبيقي1:

العنوان: الكلمة وأثرها في الهدم والبناء

كلمات مفتاحية يمكن اعتمادها كعناوين وموضوعات لفصول الكتاب:

| | |
|---|---|
| – الكلمات المؤثرة في المجتمع | – مصطلح "الكلمة" |
| – الكلمات السلبية | – اللسان |
| – أثر الكلمة في الثقافات والحضارات | – الإعلام |
| – حروب بسبب كلمة | – الثقافة |
| – الكلمة في المجتمع | – النظر في مآلات الأمور |
| – الكلمة في الأسرة | – الحذر من الفساد |
| – الكلمة في المنظمة | – المجتمع |
| – الكلمة في القرآن الكريم | – الشباب |
| – الكلمات المؤثرة في الإنسان | – الهدم والبناء |

مثال تطبيقي2:

العنوان: أساليب وطرق نحو السعادة

الفئة المستهدفة: 20-30 عاماً (كلا الجنسين).

الهدف:

- الجيل يعاني مرحلة انتقالية ويعاني من مشاكل في المجتمع وحالات انتحار وجهل.

- مشاكل وحلول وطرائق للحصول على السعادة: تأسيس شخصية يتعلقون بها.

كلمات مفتاحية يمكن اعتمادها كعناوين وموضوعات لفصول الكتاب:

| | |
|---|---|
| – الالتزام | – حياة ناجحة |
| – الصبر | – كاريزما |
| – الحوار | – الفراغ |
| – الطاعة | – الجهل |
| – حب الخير للغير | – العاطفة |
| – العلم | – الطموح |
| – الصدقة والعطاء | – العزيمة |
| – الاستماع | – الشجاعة |
| – الهمة | – الخوف |
| – دور الأهل (الأم أو الأب) | – الصدق |
| – السهل البسيط | – الجهد |
| – حقيقة السعادة | – التفكير الصائب |

مثال تطبيقي 3:

العنوان: قيد الوظيفة وحرية العمل الحر

الفئة المستهدفة: 25-35 عاماً (كلا الجنسين)

كلمات مفتاحية يمكن اعتمادها كعناوين وموضوعات لفصول الكتاب:

| | |
|---|---|
| – الإرادة | – الوظيفة |
| – السفر والرفاهية | – العمل الحر |
| – الشباب | – المال |
| – الاستقرار | – الصحة |
| – الطريق | – الجرأة |
| – القيد | – القرار |
| – الجهد والالتزام | – الفكرة |
| – العادات والتوجيه | – المستقبل |
| – اليد العليا | – التخطيط |
| – عبودية أم التزام | – الحياة الكريمة |

يمكن إثراء الموضوع من خلال طرح خمسة أسئلة على 10 تجار و10 موظفين كبار على سبيل المثال، منها:

1- هل أنت سعيد حالياً في عملك؟

2- هل تشعر بالمتعة عند ممارسة عملك؟

3- هل لديك وقت فراغ؟

4- هل لديك أسرة وهل أنت راضٍ عن علاقتك بأسرتك؟

5- هل تمارس التمارين الرياضية وتهتم بصحتك بصورة عامة؟

## إرشادات مفيدة:

1- يمكن في هذا الموضوع الاسترشاد بشخص ناجح أثَّر في حياة المئات من الأسر.

2- التقاء عشرة أشخاص وصلوا لرتبة جيدة في شركة ناجحة و كان لديهم لقاءات مباشرة مع مدير الشركة، حيث تسأل كل واحد منهم عن أكثر الصفات التي أعجبته في مدير الشركة وكيف كان اللقاء الأول بينهم وكم عدد المرات التي قابله فيها، وما القصة او الصفة التي أثَّرت فيه خلال اللقاء، وغير ذلك من أسئلة تثري بها كتابك.

3- بوسعك أن تجعل هذا الكتاب مؤلفاً من 8 فصول، كل فصل فيه مكون من 10 صفحات.

4- إن استخدام الكلمات والعبارات الإيجابية أشد تأثيراً من نقيضها، أضرب على سبيل المثال كلمة "شكراً" التي ألَّف حولها كتاب كامل عنوانه The Power Of "Thank You"، حيث تؤكد البحوث مدى أهمية كلمة "شكراً" التي قد يصل تأثيرها إلى درجة أعلى من تأثير الزيادة في الراتب مثلاً، لذلك حاول جهدك التركيز على استعمال الكلمات الإيجابية في تأليف كتابك، كما أن استعمال الكلمات التي تخاطب عاطفة المتلقّي لها دور كبير في شد انتباهه والتأثير فيه.

5- ينصح الخبراء أن تقوم بالتفكير في 18 كلمة مفتاحية ثم اختصارها إلى 15 كلمة، وبعد ذلك ترتّب هذه الكلمات لتغدو عناوين وموضوعات لفصول كتابك.

6- استخدام أسلوب القصة في تأليف الكتب:

واحد من أكثر الكتب التي أثارت إعجابي هو كتاب في التقنية لأحد الكتَّاب العمانيين، يسرد قصة مجموعة من الشخصيات يندمج معها القارئ ويعايش حياتها اليومية، ومن خلال هذا السرد يطرح الكاتب المعلومات والمفاهيم التي يريد إيصالها إلى قرائه.

# الفصل الثاني: استراتيجيات الكتابة

إن تأليف كتاب ليس بالأمر المستحيل أو العسير، فرغم أنه يحتاج إلى جهد ووقت والتزام منك بتخصيص ساعتين إلى ثلاث ساعات يومياً لخوض هذا التحدي، إلا أنك عزيزي القارئ وبعد أن تستعين بالإرشادات والتطبيقات العملية الواردة في هذا الكتاب سيغدو بمقدروك القيام بذلك بسهولة.

وأحب أن أطرح هنا مجموعة من الأسئلة ستضعك على الطريق الصحيح لتأليف كتابك الخاص، فحاول الإجابة عنها بأكبر قدر من الشفافية والصدق:

1- هل فكَّرت في تأليف كتاب؟

2- منذ متى وأنت تفكر في تأليف كتابك الخاص؟

أذكر في إحدى المخيمات التدريبية أن شخصاً ذكر أنه بقي يفكر في تأليف كتاب مدة 15 سنة دون أن يُقدم على ذلك، فلا تتردَّد في الإجابة عن السؤال، لأن ذلك يساعدك على فهم دوافعك ومخاوفك، ثم يأتي الحديث عن الحلول.

3- ما الذي منعك ووقف حائلاً بينك وبين صناعة الكتاب؟ أهو الخوف من ردة فعل الناس وآرائهم أم التسويف أم قلة المعلومات في المجال المراد طرحه أم غير ذلك؟

## معوقات صناعة الكتاب:

يُحجم الكثير من الناس رغم توفُّر الرغبة والشغف عن تأليف الكتب نتيجة عدة معوقات منها:

1- الخوف: الخوف من تأليف كتاب لا يلقى استحساناً لدى الناس، ولا يحوي ما يكفي من المعلومات القيّمة، والقلق حول احتمال وجود أخطاء لغوية وغير ذلك من المخاوف، لكن الخوف من مسألة صناعة الكتاب، هو في الغالب خوف وهمي يعطي انطباعاً زائفاً ويرسم صورة ليست هي الصورة الحقيقية على أرض الواقع، ما يدفع العديد من الناس إلى التقاعس أو التوقف في منتصف الطريق.

2- التسويف: "سوف اكتب في الاجازة، سوف اتفرغ للكتابة بعد التقاعد، سوف ابدا بتاليف الكتاب العام القادم....." و غيرها من الحجج التي لا تنتهي لتأجيل البدء بالكتابة. يقول الكاتب المشهور في مجال النجاح و تطوير الذات كاندفيلد "ان بعض الناس يقضي حياته بأسرها في انتظار الوقت المثالي في للقيام بعمل ما، ونادرا ما يكون هناك وقت مثالي للقيام بأي عمل، المهم ان تبدأ و حسب".

3- عدم توفر الوقت اللازم للكتابة: النشغالات الموجوده لديك موجوده ايضا لدى الكتّاب قديما وحديثا (اعباء الوظيفة، مسؤوليات الاسرة، الارتباطات الاجتماعية). فإذا كان لديك الوقت الكافي للرد على كل مكالمة هاتفية وفي كل وقت و مشاهده المباريات

الرياضية و المسلسلات و الاخبار و البرامج الحوارية، فالافضل ان تقلص من استهلاك الوقت في هذه الامور و تخصص وقتاً مناسباً للكتابة.

فالوقت متساوي لدى الجميع فالكل لديهم 24 ساعه في اليوم و سبعة ايام في الاسبوع لكن ليس كل الناس يستغلون اوقاتهم بشكل صحيح فالرغبه والعزم على اداء الاعمال تجعلك توفر وقتا كافيا وتعطى الاولويه للاعمال المهمة ومن ضمنها الكتابة.

4- الناقد الداخلي:    داخل كل انسان سوي جهاز قد يكون النفس اللوامه او الضمير او الجزء الايسر من المخ او غير ذلك، وضعه الله سبحانه وتعالى لحكمه، منها ان نحسب حساباً مسبقاً للاخطار و عواقب الامور و نتجنب الاخطاء التي يمكن ان تنتج عن افعال معينة، لكن لا يجب ان يزيد عمل هذا الجهاز عن حده، و من الافضل ان توقفه في بعض الاحيان وتتخذ قراراً عكس ما يمليه عليك وخاصه المراحل الاولى من كتابه المسوده الاوليه    لكتابك ثم يمكن استئناف عمله في مرحله تلقيح الكتاب المتقدمة.

5- حجم الكتاب: يواجه بعض الناس مشكلة في جلب وتجميع المعلومات الكافية لصناعة الكتاب بحجم مناسب، حيث إن الفكرة السائدة أن أي كتاب يجب ألا يقل عن 200 أو 300 صفحة، وهذا غير صحيح، فبإمكانك تأليف كتاب يتراوح عدد صفحاته ما بين 80 إلى 100 صفحة، وحتى أقل من ذلك بكثير، وأذكر ذات مرة أنني اطَّلعت على كتاب مرفوع على موقع أمازون يتألف من 10 صفحات لا غير، لقي رواجاً كبيراً بين الناس الذين أخذوا يمدحون ويتحدثون عن مدى غناه بالمعلومات القيّمة، وهو أقرب ما يكون إلى المقال منه إلى الكتاب.

6- مشكلة اختيار التصميم والغلاف والإخراج الفني:

يمكن أن تعهد بهذه المهمة إلى شخص آخر، وأنصح هنا بالتعامل مع خدمة (مركز خبرة) على سبيل المثال، او موقع خمسات او مستقل او موقع "أي خدمة" للغة العربية. اما اذا كنت تكتب باللغة الانكليزية فتوجد مواقع اخرى توفر خدماتها مثل موقع Freelancer.com او موقع fiverr.com

7- التخصص والشهادات العليا: يظن الكثيرون أنه لا بد لك أن تكون عالماً في المجال الذي تريد الكتابة عنه وحاصلاً على شهادة عليا كالدكتوراه كي يصبح بمقدورك ويحق لك تأليف الكتب، وهذا اعتقاد ثبت بطلانه في عصرنا الحالي، حيث أنك تجد كتباً جيدة لا يتجاوز عمر أصحابها 13 عاماً، فالكتابة والتأليف ببساطة هو تحويل ما يجول في خاطرك وما لديك من معلومات وتجارب حياتية ومحاكاتها مع قصة أو مجموعة قصص تضمّنها في كتابك.

و اختصاراً، اذا كانت لديك رغبة كبيرة في الكتابة، تفوق جميع هذه المعوقات، فسوف تتمكن من الكتابة، و سيرى كتابك النور و يصل للناس.

واحدة من الطرائف الجميلة أن كتاباً نشر مؤخراً وبيعت منه العديد من النسخ لطرافة فكرته:

"Everything Men Know About Women" (كل ما يعرفه الرجال عن النساء).

والمفاجأة انه كان عبارة عن كتاب بصفحات فارغة كليّاً.



1- الكتاب ليس إعلاناً بالمعنى الحرفي، لكنه يعدُّ وسيلة رائعة تعلن بها عن نفسك وما تقوم به.

2- الكتاب أشبه ببطاقة عمل صالحة في كل الأوقات والأزمنة.

3- يمدُّ الكتاب جسور الثقة بينك وبين الآخرين ويعطي قيمة أكبر لشخصك، فعندما تقوم بإهداء نسخة موقعة من كتابك لشخص ما ضمن شركة مثلاً، فسينظر لك نظرة مختلفة عن تلك النظرة السائدة تجاه مندوبي المبيعات.

4- الكتاب عبارة عن ملصق "بروشور" يحمل قيمة عالية.

5- الكتاب يجعلك تتميز عن الأقران.

6- لن يُرمى الكتاب في سلة المهملات، لما له من أهمية وقيمة عند غالبية الناس.

7- يعطيك مصداقية أكبر عندما تريد التحدث في مؤتمر أو حدث أو تقديم دورة تدريبية، حيث تظهر أمام الآخرين بصورة الخبير المتمرّس.

8- يفتح أمامك الأبواب ومختلف أنواع الفرص: يمكنك أن تجرب توزيع نسخ من كتابك بشكل مجاني على أصحاب الشركات والمؤسسات وغيرهم، وستلاحظ بنفسك مدى الاستفادة والفرص التي ستمهدها لك هذه المبادرة اللطيفة.

في إحدى المرات كنت حاضراً في مخيم تدريبي بماليزيا حضره أكثر من 500 شخص، وبعد أن انتهت المحاضرة قمت فسألت المحاضر حول موضوع الطباعة وأين يمكننا الحصول على طباعة جيدة، وإذ بأحد الحاضرين يتقدَّم نحوي ويقدّم إليَّ كتاباً مكوناً من 75 صفحة هدية، فسألته باهتمام: هل أنت مؤلف الكتاب؟

أجاب: نعم أنا مؤلفه.

فطلبت منه أخذ صورة تذكارية معه، وافق على ذلك بكل سرور، وأضاف على الكتاب الذي أهداني إيَّاه توقيعه، وهو بذلك الفعل الطيب قام بالترويج لنفسه ولشركته بشكل راقٍ وذكي، واستطاع بناء علاقة صداقة مع شخص آخر "أنا" مقابل بادرة بسيطة لم تكلفه أكثر من دولار ونصف ثمن طباعة نسخة الكتاب التي قدمها إليَّ.

9- الكتاب عبارة عن أداة تسويقية تبني لك الماركة الشخصية والهوية التعريفية.

10- قم بصناعة كتابك الخاص بنفسك، لأن ذلك سيعود عليك بالعديد من الفوائد.

### إضافات مفيدة:

1- تقول العبارة الإنجليزية الآتية:

There is no Money in selling a book.

وتعني أنه لا يوجد مال يتأتَّى من بيع الكتب، والعبرة من ذلك تكمن في العبارة التالية:

The big money is in the value around the book.

القيمة الحقيقية للكتاب لا تكمن في حجم مبيعاته بل في القيمة التي يقدمها.

2- يستحسن دائماً أن تقوم بتأليف كتاب حول مجال تُتقنه وتُبدع فيه، وهذه إحدى أهم النصائح التي أطرحها في كتابي هذا.

3- لا تكن متعجّلاً واعمل بهدوء: الجميل في الشعب الماليزي، أنهم ينجزون أعمالهم بشيء من البطء يتخلَّله نوع من الهدوء، غير أنهم في نهاية المطاف يحققون نتائج باهرة بجودة عالية، فلا تتعجّل وخذ الوقت اللازم في تأليف كتابك.

4- من الخرافات الشائعة حول الكتابة ان الكتّاب يولدون ولا يصنعون، و ان الكاتب الجيد يكتب بسرعة، و يجب ان ينتظر الكاتب الالهام ليكتب. و هذه الخرافات ليس لها اساس من الصحة. حيث ان الموهبة قد توجد الخيال وهو بذرة الكتابة وقد تسهل عملية الكتابة، لكن للكتابة أيضا مهارات يمكن أن تكتسب، وتنمى بالدراسة والتدريب و الممارسة. ايضاً، الكتابة الجيدة ليس لها علاقة بسرعة الكتابة، لكن السرعة. اما بالنسبة للإلهام، فإن ذلك قد يكون صحيحاً في بعض الأحيان، لكن الأفكار عادة، ولدى أكثر

الكتاب، تحتاج إلى معلومات و خبرة مسبقة ، ثم تحتاج إلى معالجة لتكتمل وتصبح جاهزة للكتابة. ايضاً من بعض الخرافات الاخرى ان الكاتب الجيد يكتب بشكل جيد من اول مرة. و هذا الامر غير صحيح اطلاقاً. حيث ان جميع الكتب تحتاج الى مراجعة و تنقيح فيما بعد.

## صفات الكتّاب الناجحين:

1- الصبر: الصبر على الكتابة، الصبر على المراجعة و التنقيح، الصبر على رفض النشر، و الصبر على النقد كلها امور مهمة جداً يجب ان تكون في بال الكاتب لكي يستطيع التحميل و الاستمرار. وكما يقول آن مانهيمر "النجاح في الكتابة يأتي لأولئك الذين لديهم القليل من الموهبة لكن الكثير من الصبر".

2- تقييد الافكار و تسجيل الفوائد: تقييد الافكار بالكتابة حال ورودها و الاستعانة بالمفكرة من الامور المهمة جداً للحفاظ على الافكار من النسيان و الضياع. كان الامام البخاري يستيقظ في الليلة الواحدة من نومه فيوقد السراج ويكتب الفائدة تمر بخاطره ثم يطفي السراج ثم يقوم مرة اخرى واخرى حتى يتعدد ذلك منه قريبا من 20 مرة.

3- كثرة القراءة: فهي تزيد المعلومات و تثري الافكار و تعمّق التحليل. و هي اداة البحث الرئيسية. والكاتب الذي لا يقرأ، يفقد القارئ لأنه لا يكون لديه جديد.

4- تعلم مهارات التأليف: من الامور المهمة التي يجب ان يحرص عليها الكاتب القراءة في كتب التأليف و دراسة حياة المؤلفين و سيّرهم و مجالسة الكتّاب الناجحين و

مطالعة كتب البيان و الأدب. "من المهم اتقضى مع الاشخاص الذين تود ان تصبح مثلهم" كانفيلد صاحب كتاب مبادئ النجاح.

5- كثرة الكتابة: من احد اهم صفات الكتّاب الناجحين التدرب على الكتابة و عدم توقع النجاح من اول مرة. و كما يقال: اذا كانت القراءة هي الجناح الاول للكاتب، فإن الكتابة و التدرب عليها هي الجناح الثاني له.

### انواع التأليف:

للتأليف عده انواع يوضحها الشكل ادناه، حيث تنقسم الكتب النثرية بشكل عام الى كتب قصصية و غير قصصية و منها تتفرع الى عدة فروع و اقسام.

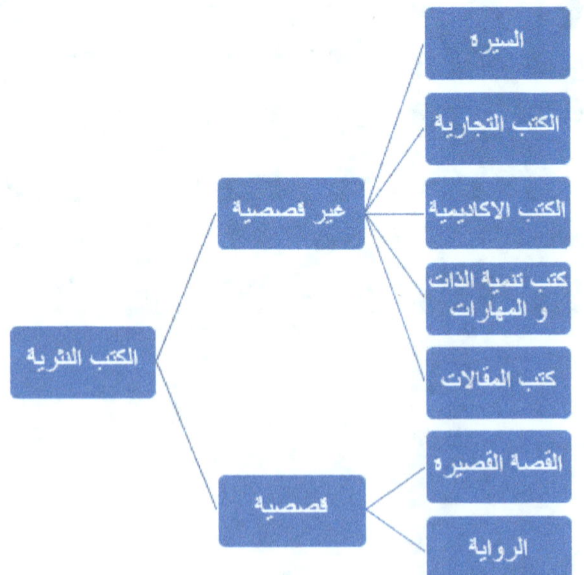

## اقسام التأليف:

للتأليف عدة اقسام يوضحها الشكل التالي

- شيء لم يُسبق اليه فيخترعه
- مؤلف ناقص فيتممه
- مؤلف مغلق فيشرحه
- مؤلف طويل فيختصره دون ان يخل بمعانيه
- مؤلف متفق فيجمعه
- مؤلف مختلط فيرتبه
- مؤلف اخطأ فيه مصنفه فيشرحه

## الافكار اللازمة للكتابة:

الافكار هي بذور الكتب، و ليس بمستغرب ان يقوم الكاتب ليلاً لكي يدوّن فكرته. و لكن، كيف تأتي الافكار؟

يمكن ان يستمد الكاتب افكاره من خلال عدة مصادر منها:

- الإلهام

- مراقبة الناس و الظواهر

- القراءة الكثيرة

- طرح الاسئلة على الخبراء و ذوي الاختصاص

- تأمل المشكلات والامور المخالفة للنسق و الامور التي تسير على نسق

- تتبع حاجات علمية للناس ومحاولة الاتيان بفكرة تلبيها

- النظر في المسكوت عنه

- النظر بشكل مختلف للامور و تحليلها

- الكتابة

كما ان طرح الافكار الجديدة و المختلفة يحتاج الى جرأة و شجاعة من الكاتب. فالفكرة تنفر من العقل الجبان، فكم من فكرة هجرت صاحبها و ذهبت الى غيره لأنه لم يجد شجاعة ادبية لطرحها و الدفاع عنها. فحاجة الكاتب الى الجرأة في كثير من الاحيان اكبر من حاجته للمهارة في التأليف. و قد يكون سبب شهرة الكثير من الكتاب جرأتهم على طرح افكارهم الجديدة.

بالاضافة الى ذلك، فإن الفكرة لا تأتي جاهزة، و لكن تأتي على شكل جزء من فكرة او بداية فكرة بسيطة و تحتاج الى تمحيص و توسيع. فعندما تظهر في ذهنك فكرة، ضعها في ملف لتعود اليها (ملف الافكار). و يمكن ايضا مناقشتها مع صديق او مختص لتوسيعها و محاولة جمع وجهات نظر مختلفة.

يفضل بعض الكتّاب الافصاح عن الافكار التي تدور في اذهانهم وذلك بهدف تطوير تلك الافكار، و الاستفادة من نقد الاخرين، و التحفيز على العمل و الالتزام. اما البعض الاخر في فضل عدم الافصاح عن افكاره وذلك لأسباب منها تجنب السرقة الفكرية، و الفتور عن الكتابة، بسبب ما قد يلاقيه الكاتب من نقد لفكرته ثم تثبيط للهمة والنفور من الفكرة.

★★★★★

## خطوات تأليف الكتاب:

**المرحلة الاولى – التخطيط:**

ويشمل ثلاثة أمور رئيسة، هي:

أ– الهدف من صناعة الكتاب: أي تحديد هدفك أو أهدافك من تأليف الكتاب:

1– أن يعرفك الناس –الظهور الاعلامي مثلاً.

2– الاستقطاب الجماهيري الدعائي — ان تتم استضافتك والتعريف بك في وسائل الإعلام.

3– أن تكون متحدثاً يُدفع لك مقابل خبرتك لتكون محاضراً تقدم معلوماتك على إحدى المنصات.

4– بناء مصداقية.

5– الالتقاء بالناس وتوسيع دائرة العلاقات.

6– فتح الآفاق.

7– الظهور بوصفك خبيراً في المجال الذي تتقنه وتبرع فيه.

8– استقطاب الناس والحصول على زبائن.

9– بيع منتجك.

10– جني المال من بيع الكتب.

12- تحقيق دخل متعدد، وينصح الخبراء في هذا السياق أن يكون لديك (3) مصادر للدخل، على أن تكون مستقلة عن بعضها البعض.

13- نشر حالة من الوعي في موضوع معين مثل "تحفيظ القرآن للأطفال".

14- تثقيف الناس وإضافة قيمة فكرية إلى المجتمع.

15- إحداث أثر في الآخرين.

16- تغيير حياة الناس.

17- فتح أسواق جديدة.

19- أن تُدعى للكتابة في المجلات والصحف المختلفة.

20- بناء الماركة الشخصية.

21- الالتقاء بشخصيات شهيرة.

22- أن يكون لديك الصدارة للتحدث في مكان ما.

ملاحظة مهمة: يمكنك اختيار أكثر من هدف واحد للكتاب، كأن تختار هدفين أو ثلاثة، شريطة ألا تتعارض الأهداف مع بعضها البعض.

ب- الشريحة المستهدفة: من الصعب على الكاتب أن يخاطب جميع فئات المجتمع، وإن حاول ذلك فسيفقد هوية كتابه، لذا وجب تحديد الشريحة التي ترغب في استهدافها والوصول إليها:

1- الأعمار التي تريد مخاطبتها من خلال كتابك.

2- هل تستهدف جنساً واحداً؟ أم كلا الجنسين؟

3- نسبة النساء المستهدفات %.

4- نسبة الذكور المستهدفين %.

5- المستوى الوظيفي للشريحة المراد استهدافها.

6- المستوى العلمي للشريحة المستهدفة.

7- الحالة الاجتماعية: عازب / متزوج / مطلق / إلخ.

8- هل الشريحة المستهدفة من بين الطلاب؟

9- هل تستهدف من يواجهون تحديات صحية؟

10- هل تريد التوجه لذوي الدخل أم لا؟

11- هل ستتوجه لشريحة تعاني مشاكل في الدخل؟

12- استهداف شريحة وفقاً للتعليم: كأن تستهدف خريجي الجامعات فقط.

13- ربما تستهدف من يعيشون في القرية أو المدينة أو دولة معينة.

14- استهداف الأشخاص الذين لديهم شريحة واسعة من الأصدقاء.

15- التوجه إلى فئة تعمل في مجال معين أو مؤسسة معينة.


ج- المشاكل والمعاناة التي تواجهها الفئة المستهدفة، مثل:

1- الحاجة لمزيد من الوقت.

2- المشاكل المالية.

3- مشاكل في العلاقات.

4- الضغط في العمل الإداري.

5- الخوف.

6- المشاكل العائلية.

7- الرغبة في النجاح.

8- الحاجة إلى زبائن.

9- التعب.

10- الغضب.

11- التقلُّبات المزاجية.

12- الكآبة.

مثال تطبيقي يوضح كيفية تحديد الهدف والشريحة المستهدفة والمشاكل التي تعانيها:

الهدف: استقطاب زبائن جدد في العمل.

الشريحة المستهدفة:

1- الرجال والنساء من عمر 25-40 سنة (ممَّن أنهوا الدراسة الجامعية).

2- من حيث الوظيفة: من لم يجدوا عملاً.

3- الدخل الشهري: 100 دولار مثلاً.

المشاكل التي تعانيها الشريحة المستهدفة:

1- عدم إيجاد وظيفة.

2- صعوبة تحقيق الاستقلالية المالية.

تمرين و بعض الامثلة لِحله

– املأ الفراغات التالية:

سأكتب كتاباً عن ................ بسبب (سبب كتابة الكتاب)

................ والذي سيعالج ........................ لشريحة

........................

**أمثلة عملية:**

1– سأكتب كتاباً عن الفكر الريادي بسبب زيادة وعي الناس بتطور العالم الريادي الذكي والذي سيعالج طريقة التفكير السلبية أو طريقة التفكير السلبية / طريقة بالمستوى البسيط لشريحة الناس المهتمين بالمجال الريادي والاستقلال المادي.

2– سأكتب كتاباً عن كيف أغيّر نمط حياتي بسبب الوضع الصعب الذي يعيشه الشباب والذي سيعالج التخطيط المالي في المجتمع لشريحة الشباب.

3- سأكتب كتاباً عن اختصاص وأنواع الخطوط المغربية في الجزائر بسبب ندرة هذه الدراسة والذي سيعالج ويركز على خطوط الوثائق التاريخية في بعض الزوايا كنموذج موجه إلى طلبة لشريحة الدراسات التاريخية.

4- سأكتب كتاباً عن الحرية المالية بسبب معاناة الناس مع الوظيفة والذي سيعالج برمجة العقول نحو الثراء.

5- سأكتب كتاباً عن استراتيجية الصمت لتحقيق الأهداف بسبب فشل المؤسسات ذات الأهداف النبيلة نتيجة ضجة الإعلام والذي سيعالج مشكلة الخوف من المخاطر التي تهدد سمعة الشركات لشريحة الشباب القيادي.

6- الهدف: إثارة الفضول ونشر الوعي لدى الشريحة المستهدفة.
الشريحة المستهدفة: الرجال والنساء ما بين 25-50 سنة.
الرغبات: إثارة التفكير بأهمية العمل في صناعة البيع المباشر.

7- الهدف من صناعة الكتاب: تقليل النظرة السيئة تجاه تركيا بأنها دولة محتلة أو علمانية.
الشريحة المستهدفة: العراقيون الذين يظنون أن الحياة في تركيا جحيم.

المشاكل والآلام والمعاناة: نتحدث عن تعرُّض بعض العراقيين الموجودين في تركيا لكلام مسيء صادر من قبل بعض الأتراك، وكيف أن ذلك سبَّب اعتقاد البعض أن جميع الأتراك كذلك.

## تمرين عملي:

أحضر ورقة وقلماً واكتب قصة من ابتكارك خلال 5 دقائق، مستخدماً الكلمات الخمس التالية:

1- ماليزيا  2- رجل  3- سافر  4- رخيص  5- أسد

## أمثلة على التمرين:

قصة 1:

سافر في أحد الأيام من إحدى الدول العربية رجل إلى دولة بعيدة عن دولته اسمها ماليزيا وفي أثناء تجواله في تلك الدولة مرَّ بسوق تباع فيه أزهار بسعر رخيص، وكانت إلى جانب السوق حديقة للحيوانات، يتعالى من داخلها صوت أسد يملأ الأرجاء.

قصة 2:

حصل رجل محظوظ على تذكرة سفر إلى ماليزيا بسعر رخيص، فما كان منه إلا أن وضَّب أمتعته في اليوم التالي وسافر إليها مع أحد المجموعات السياحية، تضمنت الجولة السياحية زيارة لإحدى الغابات، وبينما هو في الغابة ظهر له أسد من بين الأشجار، لكن لحسن حظه لم يصب بأذى، ليكمل جولته السياحية برفقة أفراد المجموعة مستمتعاً بجمال الطبيعة والمناظر الخلابة من حوله، ثم عاد إلى وطنه يحمل ذكرى جميلة وحكاية طريفة تتضمن نجاته من هجوم أسد الغابة.

قصة 3:

سافرت في يوم من الأيام إلى ماليزيا، وكانت رحلة ممتعة ومفيدة للغاية، حيث التقيت برجل غريب لديه شجاعة أشبه بشجاعة الأسد، إذ رأيته ينقذ طفلاً من الغرق في البحر. كما وجدت في ماليزيا كل شيء رخيصاً، إذ يمكنك العيش فيها حتى وإن كان دخلك محدوداً، وقد زرت خلال رحلتي تلك العديد من الأماكن السياحية.

أهداف وفوائد التمرين:

1- الفكرة من التمرين هو كسر حاجز إشكالية البدء في الكتابة، إذ يستصعب الكثير من الناس مرحلة بدء التأليف، ولذلك فإن إلزام نفسك بالكتابة لمدة 5 دقائق، يعدُّ استراتيجية ذكية لدفعك على البدء في عملية التأليف.

2- بوسعك أن تنجز بحدود 50 كلمة خلال 5 دقائق، يقل الرقم أو يزيد حسب مدى تمرُّسك في الكتابة، هذا يعني أنه خلال 20 دقيقة بوسعك كتابة صفحة تتكون من 200 كلمة مثلاً.

ولنأخذ على سبيل المثال العدد 36000 كلمة، وهو عدد كلمات كتاب يتألف من حوالي 180 صفحة، إذا وضعنا في الحسبان أن الصفحة الواحدة تتألف من 200 كلمة، أو كتاب مكون من 144 صفحة في حال كانت الصفحة الواحدة تضم 250 كلمة.

وبالتالي إذا ألزمت نفسك بالكتابة لمدة ساعتين في اليوم الواحد، فذلك يعني أنك ستنجز كتاباً خلال شهر واحد فقط وربما خلال فترة زمنية أقل، علماً أنه ليس لزاماً عليك تأليف كتاب يزيد عن 100 صفحة، فـ 70 صفحة على سبيل المثال كافية لصناعة كتاب جيد.

3- بعد إتمامك التمرين ستشعر أن ثقتك بنفسك قد زادت عما كانت عليه سابقاً، ذلك أن معظم مخاوفك التي تدور حول صناعة الكتاب مجرد أوهام تتلاشى فور شروعك في الكتابة وتحدي ذاتك.

4- التغلب على الكسل والخوف من الكتابة: حيث أن العقل البشري مصمم على جعلك تتجنَّب كل ما يتطلَّب جهداً كبيراً ووقتاً طويلاً، وإبقائك فيما يسمى بـ "منطقة الراحة"، لذلك فإن تقسيم العمل إلى وحدات صغيرة للغاية، كأن تبدأ صناعة كتابك

بالكتابة لمدة 5 دقائق فقط، يسمح لك بالتغلب على هذا الخداع العقلي، ثم لا يلبث قلمك وأفكارك في الاسترسال.

المرحلة الثانية – البحث:

و هدفها الابتعاد عن السطحية و التكرار في الكتابة و إثراء معلومات الكاتب و تزويده بالمعلومات اللازمة لتأليف الكتاب. اما خطوات البحث فتتضمن الاطلاع على الكتب و المجلات و اللالتقاء ببعض المختصين و زيارة المواقع ذات الصلة بالموضوع و تصفح مواقع الانترنت ذات الصلة.

تنظيم المعلومات اثناء البحث:

من الافضل عمل ملف خاص للكتاب يتم تسميته بإسم العمل ثم يمكن ان تضع بداخله مسودة الكتاب و تكون عبارة عن مستند يتم عمله بإستخدام برنامج الوورد او اي برنامج كتابة آخر. ايضاً يمكن حفظ المراجع و المقاطع المنقولة من المراجع مع اسماء مراجعها (عن طريق برنامج وورد او End Note). كما يمكن الاحتفاظ بالمقاطع التي تقوم بحذفها عند مراجعة الكتاب لكي تعود اليها اذا غيرت رأيك. و من الضروري حفظ نسخ احتياطية من مسودة الكتاب في اماكن اخرى كإرسالها الى بريدك الالكتروني كل فترة، كما يمكن استخدام خدمة Drop Box – Google Drive –

ملاحظات اثناء عملية البحث:

- سجل مراجع كل فقرة و لا تعتمد على ذاكرتك

- ناقش الكتب التي تتعارض مع افكارك لان ذلك يجعل كتابك اكثر عمقاً و ثراءً

- عملية البحث تنتهي عندما تصبح المعلومات متكررة و لا تجد جديداً، عند ذلك ابدأ الكتابة ولا تجعل عملية البحث تستمر اكثر من ذلك لكي لا تستولي عليك.

## المرحلة الثالثة – التنقيح او المراجعة:

هذه المرحلة لا تعني المراجعة اللغوية فقط، و انما يتم فيها اعادة ترتيب المواضيع و حذف المقاطع غير الضرورية، و اضافة مقاطع و تفاصيل اخرى لإغناء المواضيع. كما يمكن اعتماد الوصف الدقيق و التفصيلي و ضرب الامثلة و سرد بعض القصص التي تدعم الموضوع و استخدام لغة الحوار، بالإضافة الى اهمية اشراك جميع حواس القارئ قدر الإمكان. و بعد الانتهاء من المراجعة، يفضل عرض مسودة الكتاب على صديق، و طلب المساعدة من مراجع خارجي و الاستعانة بمحرر محترف.

## استراتيجيتي الشخصية في تخصيص واستغلال الوقت:

في مرة من المرات، تحدَّيت وحجزت ليوم كامل في أحد الفنادق، ثم أخبرت جميع المقربين والأصدقاء أنني مسافر ولا توجد أي وسيلة للتواصل، أغلقت هاتفي النقال

وجلست في الفندق منكبّاً على العمل الذي بين يديَّ، وخرجت في اليوم التالي وقد حققت نتائج عظيمة وأنجزت الكثير، فلربما تحب أن تجرّب فعل أمر مماثل في أحد الأيام.

المرحلة الرابعة –النشر:

و يجب في هذه المرحلة تجهيز مقترح الكتاب لعرضه على الناشر. حيث يجب ان يجيب الكاتب عن عدة أسئلة سواءً أكانت في المقترح و عند المقابلة مع الناشر أهمها: عم يتحدث الكتاب؟ ماهي فكرة الكتاب؟ لماذا أنت من يكتب الكتاب؟ لماذا هذا هو وقت الكتاب؟ من هم جمهور الكتاب ولماذا يرغبون فيه؟

اما انواع الكتب التي يرفضها الناشرون فهي ان لا يكون للكتاب جمهور له، او ان يكون مفرط في النظرية او خارج تخصص المؤلف، او ان يكون الكتاب أكاديمي مفرط في طرح الموضوع والمعالجة و لا توجد فيه فكرة جديدة.

## طرق الترويج لكتابك

ان من اهم طرق الترويج للكتاب هي ان تقدم شيء قيماً يستفيد منه القراء. و من الامور المهمة لجذب انتباه القراء هي جعل الغلاف معبراً و جاذباً. بالاضافة الى ذلك، يمكن الاستفادة من الاذاعة والتلفزيون و استخدام الانترنت في الترويج للكتاب. و من الامور المهمة الاخرى هي اهداء نسخ لبعض الكتاب و المهتمين ،كما يمكن الاستفادة من المقدمة و من الغلاف الاخير في التعريف عن الكتاب و المؤلف.

**استراتيجيتي الشخصية في الكتابة والتأليف:**

في مرحلة ما من حياتي قمت بتطوير استراتيجية شخصية في الكتابة والتأليف، ثم تبيَّن لي أنها إحدى أهم الاستراتيجيات المنصوح بها في هذا المجال، وتقوم استراتيجيتي على:

1- فتح ملف بوربوينت (PowerPoint)، ثم القيام بإنشاء سلايد (Slide) أضع فيه كلمة مفتاحية عن موضوع الكتاب مثل "تعريف علم تربية الأطفال"، وأتبعه بسلايد ثانٍ أكتب فيه كلمة مفتاحية أخرى "قصة طفل"، وهكذا دواليك بحيث أقوم بإنشاء ما قد يصل إلى 50 سلايداً، أكتب في كل واحد منها كلمة أو كلمات مفتاحية تتعلق بالموضوع أو الموضوعات التي أعرضها في الكتاب.


2- بعد الانتهاء من مرحلة كتابة الكلمات المفتاحية أقوم بعملية ترتيب هذه السلايدات حسب أهميتها وموقعها المفترض في الكتاب.


3- قراءة ومشاهدة الفيديوهات والاطلاع على الموضوع الذي تريد الكتابة عنه من مختلف المصادر.

4- التسجيل الصوتي او الفيديوي لمحاضرتك


4- التفريغ الصوتي لمحاضراتك و الفيديوهات التي تجد فيها أفكاراً تناسب الموضوع الذي تريد طرحه، ويمكنك الاستعانة بشخص يقوم بعملية التفريغ نيابة عنك، حيث أنني شخصياً أتعامل مع مركز خبرة، وهو عبارة عن موقع خدمات مصغرة، يبدأ سعر الخدمة

فيه من 10 دولارات فما فوق حسب العدد والكمية والعرض الذي تتلقَّاه من المستقل الذي يعمل في الموقع، ويحوي مركز خبرة خدمات عدة : التصميم والجرافيك والتفريغ الصوتي والكتابة والترجمة وغير ذلك، لذلك بوسعك الاستعانة بخدماته للتفريغ الصوتي والتدقيق اللغوي لكتابك وتصميم غلاف له وهلمَّ جرًّا.

يمكنك التسجيل في الموقع مجاناً، ثم بعد ذلك بوسعك الذهاب إلى قسم اسمه "طلبات الخدمات غير الموجودة" حيث تقوم على سبيل المثال بإنشاء موضوع جديد تطلب فيه خدمة التفريغ الصوتي لإحدى محاضراتك، وتسأل من خلال الموضوع عن السعر والمدة اللازمة لإتمام العمل، ثم تقوم بالضغط على زر نشر، لتتلقى عروضاً كثيرة من شباب وشابات حول العالم.

- وهناك مواقع أخرى تشبه مركز خبرة مثل الموقع الشهير"Fiverr" الذي يستعين به الأجانب، وموقع rev.com وهو موقع متخصص بتحويل الملفات الصوتية إلى نص مطبوع، يأخذ 10 سنتات أمريكية على الدقيقة الواحدة، لكن إذا كان المسؤول عن تحويل نصك وإعادة صياغته وتحسينه خبيراً فسيأخذ عن كل دقيقة دولاراً واحداً، وهو موقع يختص بتحويل الصوتيات باللغة الإنجليزية فقط لا العربية إلى نص مطبوع.

5- بعد عملية التفريغ الصوتي لمحاضراتك على سبيل المثال، ستحصل على 20 إلى 30 صفحة في نهاية كتابك، مع 30 إلى 40 صفحة في البداية، ليصبح لديك 70 صفحة، يضاف إلى ذلك أنه يمكنك إضافة 10 صفحات تسمى المصطلحات التعريفية

في المجال الذي تتحدث عنه، ثم تضع 5 إلى 6 صفحات تتعلق بموضوع الإعلانات والتي ستجلب لك مورداً مالياً ودخلاً إضافياً، كما يمكنك إضافة صفحة اسمها "المواقع الصديقة" أو "المصادر الغنية"، حيث تقدّم للقارئ جملة من المصادر المفيدة التي يمكنه الاستفادة منها مثل مجموعة من الألعاب تفيد الطفل أو عناوين لأبرز الكتب التي تدعو القارئ إلى قراءتها مثلاً، ثم في النهاية تضع قائمة المصادر.

6- بعد تحويل المحاضرة إلى نص مكتوب وكتابة موضوعات الكتاب، قم بطباعة مسودتك الأولى التي يتراوح عدد صفحاتها ما بين 30 – 40 صفحة مثلاً.

7- قم بالتعديل وإضافة المزيد من الأفكار أو الفصول إلى كتابك.

8- أدرج لقاء أو عدة لقاءات مع شخصيات ذات علاقة بالمجال الذي تكتب فيه.

9- التعريف بالمصطلحات التي تتعلق بالموضوع الذي تتحدث عنه، ووضع بعض المصادر.

و سأضرب لك مثلاً لتوضيح جميع الخطوات السابقة بشكل أكبر من خلال الحديث عن الخطوات التي اتَّبعتها شخصياً في تأليف واحد من كتبي بعنوان: عَصر المِنصّات

**مثال توضيحي**

إتبع الخطوات التالية والتي أتبعها في تأليف الكتب وهي :

1- فتح برنامج البوربوينت وكتابة جميع الكلمات المفتاحية التي كانت تدور برأسي ضمن سلايدات، بحيث أضع كل كلمة مفتاحية في سلايد منفصل، السلايد الأول خصَّصته للإعلان المذكور أعلاه، أما الثاني فتركته فارغاً، ثم انتقلت للسلايد الثالث للحديث عن محاور المحاضرة.

2- مشاهدة فيديوهات حول موضوع الكتاب وشراء كورس كامل من موقع Udemy بعنوان "The Age Of The Platform"، ثم القيام بالاستماع إلى ما جاء فيه وكتابة الملاحظات.

3- قمت بإنشاء سلايد "اقتصاد المنصات": الثورة الاقتصادية الجديدة، وضعت فيه صورة الكورس الموجود أعلاه، إضافة إلى صورة لجوجل، وفي النهاية أصبح لديَّ 61 سلايداً من المحاضرة الأولى.

4- في النهاية شرحت عن تجربة لمنصة "أريد" (ARID)، ثم وضعت أمثلة لمنصات عربية في سلايد منفصل، وبعد ذلك قمت بوضع المصادر (References) التي قمت بالاستعانة بها.

5- بعد ذلك قمت برفع محاضرتي التي تبلغ مدتها ساعة ونصف وتتألف من 61 سلايداً على اليوتيوب، ثم دخلت على منصة تقدم خدمات عبر مستقلين عرب وطلبت شخصاً يكتب لي مقالاً احترافياً من 500 كلمة، ووقع الاختيار على أخت كريمة عرضت خدمة كتابته مقابل 10 دولارات فقط، فأرسلت لها رابط المحاضرة مضافاً إليها العرض التقديمي وهو ملف البوربوينت المكون من 61 سلايداً.

## كيف تُكمل بقية الصفحات وتدرج صفحات إضافية؟

يتم ذلك من خلال إجراء لقاءات مع خبراء في المجال أو المجالات المطروحة عبر الكتاب، ما يساعد على إثراء كتابك وتحقيق قيمة إضافية له.

واحد من مؤلفي أشهر الكتب الموجودة في الإدارة "Think Rich"، قام بإجراء لقاءات مع عشرة مدراء لشركات مرموقة، ثم قام بتجميع هذه اللقاءات بعد نقلها إلى الورق ليخرج بكتاب حقق شهرة واسعة وأرباحاً ضخمة.

كذلك فإن صاحب كتاب "العادات السبع"، قام بإجراء مقابلات مع 100 مدير، واستطاع أن يستخلص سبع عادات يشترك فيها هؤلاء المدراء الناجحون، وجعل منها كتاباً لقي رواجاً كبيراً.

أما الكتاب الجميل معجزة الصباح "The Miracle Morning" الذي أستشهد به دائماً، قام على فكرة طرح خمسة أو ستة أسئلة أرسلها المؤلف إلى أشخاص ناجحين ضمن الفئة التي يستهدفها، ثم أخذ هذه اللقاءات ونقلها ونقَّحها وعدَّلها ليصنع منها كتاباً.

## أفكار ونصائح:

- أخذ فصول من كتابك ونشرها كمقالات في موقعك على الإنترنت.
- وضع مجموعة من الفيديوهات القصيرة من الكتاب "في حال كان مأخوذاً عن محاضرات ألقيتها أو ما شاكل ذلك" والتحدث من خلالها عن كتابك، وهو ما يسمى بـ "تدوير المحتوى" أي تقديمه بأشكال وصيغ مختلفة؛ على شكل كتاب أو مقالات

من الكتاب أو على شكل بعض النصائح الصوتية من كتابك، أو قد تأخذ بعض الأفكار من الكتاب وتطلب من أحد المصممين على مركز خبرة أن يحوّل هذه الأفكار إلى بوستر جميل مثلاً وفي الأسفل تكتب المصدر من الكتاب.

- تضمين كتابك لقصص من واقع حياتك الشخصية أو مشاهداتك، ما يزيد من قيمة الكتاب لاحتوائه على قصص واقعية قيّمة.

- إدراج صور شخصية لك مع أحد الشخصيات الإدارية مثلاً، أو صورة لك وأنت تقرأ في مكان ما.

أذكر أنني كنت في ماليزيا أتمشّى برفقة والدي الذي طلب مني أن أقف لالتقاط صورة أمام بيت ماليزي تقليدي قديم، فانتابني الفضول وسألته: لماذا تريد هذه الصورة؟ أجاب: عندي كتاب حول النباتات، وأرغب في وضع الصورة كغلاف له.

## استراتيجيات المقابلة:

1- ضع خمسة أسئلة لكل مقابلة.

2- سجل اللقاء واكتب الملاحظات.

3- تقول المقولة: "إذا أجريت مقابلات مع 10 خبراء، تصبح الخبير رقم 11" لأنك ستأخذ من هؤلاء الخبراء الكثير من الأفكار المفيدة.

- أخبر الخبير فور انتهائك من الكتاب أنك ستقدم له نسخة منه، وعندما ترسل له النسخة حدد له في أي صفحة تم ذكره (اعمل هايلايت باللون الأصفر على الاسم والصفحة)، لأن هذا الشخص قد يمهّد لك الطريق نحو تمويل الكتاب، حيث يمكن أن

يشتري 100 نسخة منك على سبيل المثال في حال كان عنده حدث ما يريد الاستفادة من الكتاب فيه، ويعدُّ هذا الإجراء طريقة تسويقية مهمة جداً لكتابك.

## نصائح:

- لا تذكر وظيفتك في صلب الكتاب كأن تذكر أنك تعمل مدرساً أو مشرفاً في مكان ما، لأن القارئ لا يعنيه معرفة هذه المعلومة، فاكتف بإخباره أنك مؤلف الكتاب.

- أخبر أصدقاءك على وسائل التواصل الاجتماعي وأقرباءك أنك بصدد تأليف كتاب، حتى ولو لم تكتب كلمة واحدة بعد، حتى تُلزم نفسك بذلك، لأنه من المخجل أن تقول بأنك تؤلف كتاباً ولا تنفذ ما صرَّحت به، وهي طريقة ناجعة أتَّبعها شخصياً.

- احرص على ألا تتجاوز أي مقابلة تجريها 20 دقيقة حتى لا تسبّب الملل للشخص المقابل.

# الفصل الثالث: النشر اونلاين

للنشر اونلاين فوائد عدة منها: امكانية التوزيع العالمي للكتاب حيث يمكن لأي شخص في أي مكان بالعالم الحصول على الكتاب بكل سهولة، و من ضمن اشهر المواقع و التي نتعامل معها نحن شخصيا هو موقع لولو.

## التعريف بموقع لولو:

موقع لولو www.lulu.com هو عبارة عن موقع الكتروني يوفر الطباعة عند الطلب، حيث لا يحتاج مؤلف الكتاب للتعاقد مع دار نشر وطباعة آلاف النسخ من كتابه ثم توفير مكان مناسب لخزنها ومحاولة بيع هذه النسخ للمكتبات او الافراد، وانما يوفر موقع لولو خدمة أن يقوم مؤلف الكتاب بوضع كتابه في الموقع، ثم يقوم الموقع بتوزيعه عبر القنوات العالمية لتوزيع الكتب والتي منها موقع امازون Amazon وموقع كتب كوكل Google Books. وعند استلام طلب الشراء يقوم الموقع بأرسال الطلب للمطبعة لطباعة النسخة المطلوبة ثم ارسالها الى المشتري.

## خطوات النشر في موقع لولو

في البداية يجب التسجيل في موقع لولو (sign up) وملئ المعلومات المطلوبة. ثم يمكن الدخول الى الموقع (sign in) و الضغط على القائمة المنسدلة Create ثم

اختيار ما ترغب بنشره سواءاً كان كتاباً مطبوعاً print book او مجلة او كتاب الكتروني و غيرها.

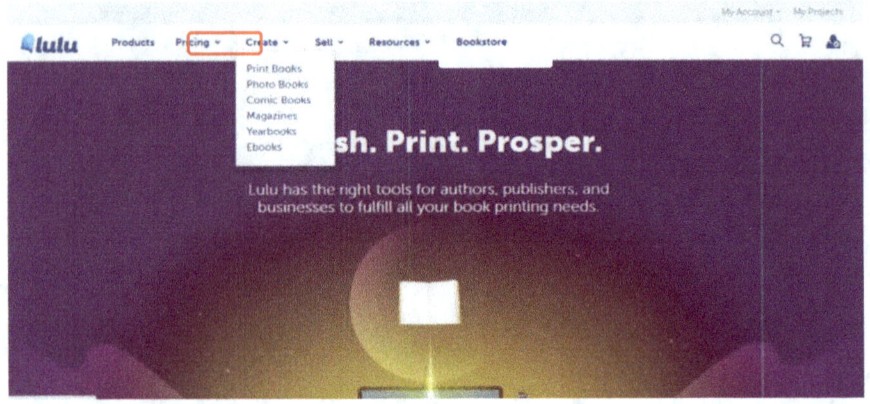


بعدها ستظهر صفحة جديدة تحتوي على زر للبدء بأنشاء الكتاب Start print your book حيث يمكنك الضغط عليه.

و في نفس الصفحة في الاسفل توجد امكانية اختيار الحجم المناسب للكتاب حيث توجد بعض الاحجام المتعارف عليها للكتب. يمكنك اختيار احدها.

بعد الضغط على زر البدء بالكتاب او اختيار حجم الكتاب ينتقل المتصفح الى صفحة اخرى تحتوي على عدة اقسام هي:

- قسم نوع المنتج، و في حالتنا قمنا بأختيار الكتاب المطبوع Print book

- قسم نشر الكتاب حيث يحتوي على اختيارين، الاول لنشره عالمياً في امازون و مستودع لولو و قنواته الاخرى، اما الثاني للشراء الشخصي للمؤلف ثم يقوم المؤلف ببيع الكتب بنفسه. طبعاً سنقوم بأختيار الخيار الاول.

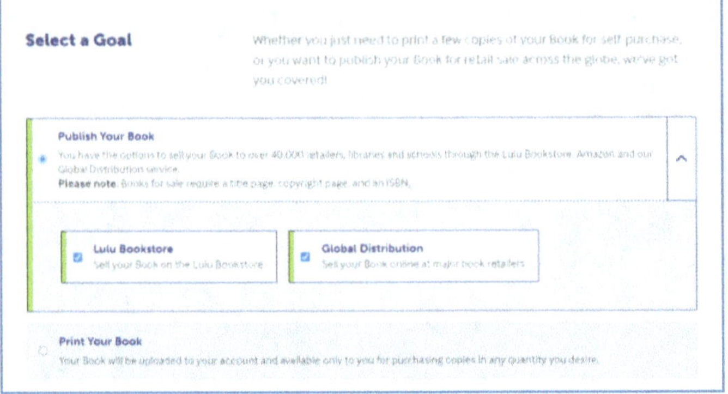

– قسم تفاصيل الكتاب: حيث نقوم بأدخال اسم الكتاب و لغة الكتاب و تصنيفه حسب موضوع الكتاب (تاريخ – علوم – لغات و غيرها). ثم نضغط الزر الازرق في الاسفل.

بعدها سننتقل الى صفحة اخرى لأدخال بعض المعلومات الثانوية مثل العنوان الثانوي للكتاب و رقم الطبعة و تفاصيل الطبعة، و جميعها معلومات اختيارية.

**Title and Edition**
Enter additional title and edition information for your Book.
Learn more about Editions

TITLE
How to write a book in 10 days

SUBTITLE (OPTIONAL)
Enter a Subtitle

EDITION (OPTIONAL)
Select an Edition

EDITION STATEMENT (OPTIONAL)
Enter an Edition Statement

ثم نقوم بأدخال اسم لمؤلف الاول و الاخير في الخانتين المخصصتين لذلك. اما اذا توفر اكثر من مؤلف فيمكن الضغط على الزر الازرق لأضافة مؤلف آخر.

**Contributors**
Add the name and role for each contributor on this Book. This includes authors, editors, and illustrators you want to credit for working on this Book.
**Please note:** Contributors are displayed in order and most retailers will display up to 5 contributors.

1 | ROLE: By (author) | FIRST NAME: First Name | LAST NAME: Last Name | Remove

Add Another Contributor

ملاحظة مهمة: يجي ان يكون عنوان الكتاب و اسم المؤلف باللغة الانكليزية لكي يوافق الموقع على نشره عالمياً، و بعدها يمكن ان نضع التفاصيل العربية على غلاف الكتاب عند تصميمه.

في القسم الآخر يطلب الموقع اضافة تفاصيل حقوق الطبع كالاسم و السنة.

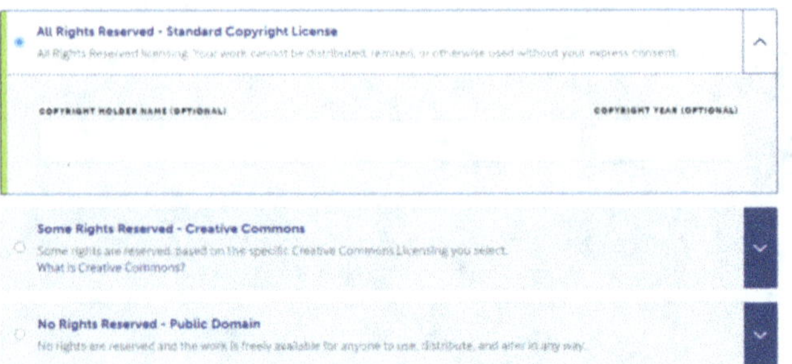

ثم يأتي قسم الرقم الدولي ISBN حيث يمكن الحصول على رقم دولي مجاني للكتاب او يمكنك وضع الرقم الخاص بكتابك اذا كنت تمتلك واحداً.

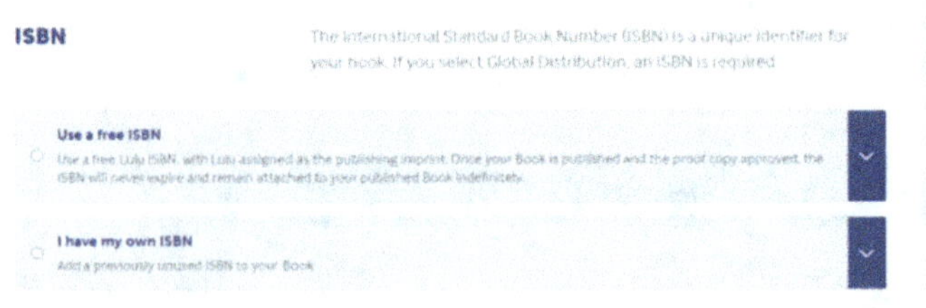

و في اغلب الحالات يطلب المؤلف رقم دولي مجاني من موقع لولو من خلال الضغط على الاختيار الاول ثم ضغط الزر الازرق الموجود على اليمين Get a free ISBN. حيث يقوم الموقع بتزويد المؤلف بالرقم الدولي الخاص بالكتاب.

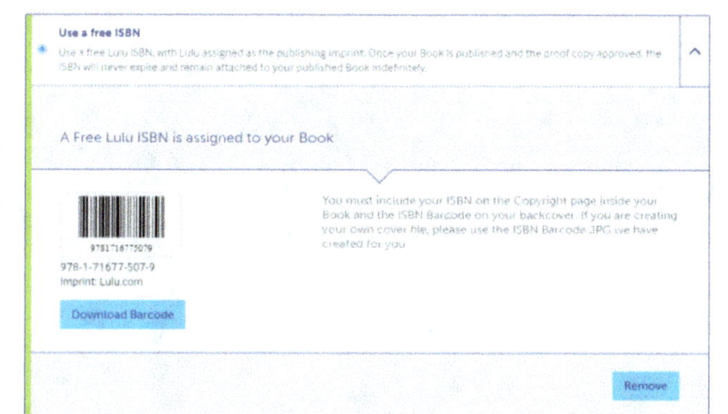

ثم يمكن الضغط على الزر الازرق الموجود في اسفل الصفحة لغرض تصميم الكتاب.

بعدها تظهر صفحة تصميم الكتاب. حيث نحتاج الى رفع الكتاب الذي قمنا بتجهيزه مسبقاً على موقع لولو، و ذلك بالضغط على عبارة Upload your PDF.

حيث يجب ان يكون الكتاب بصيغة pdf

كما يجب الاهتمام بترتيب وتنسيق الكتاب على شكل فصول ومواضيع رئيسة وفرعية لكي يظهر فهرس الكتاب بصورة منظمة.

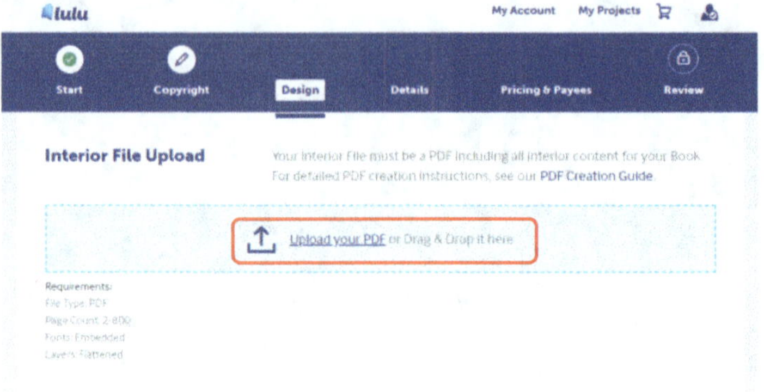


ملاحظة مهمة: ان موقع لولو مخصص لنشر الكتب باللغة الانكليزية، لكنه يسمح بالنشر باللغات الاخرى لكن يجب ان يتولى المؤلف في هذه الحالة عملية عكس الطباعة لتكون مناسبة للغة العربية (من اليمين الى اليسار)، وتتم هذه العملية بفتح ملف الكتاب في قالب برنامج الوورد الذي تم تجهيزه في الخطوة السابقة، ثم الضغط على File ثم Options ثم Advanced ثم اختيار Print ثم وضع علامة صح على اختيار (اطبع الصفحات بشكل مقلوب) Print pages in reverse order ثم الضغط على Ok

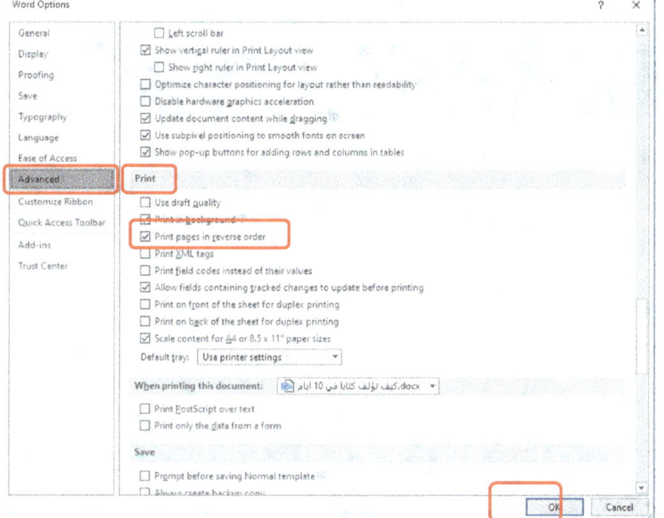

بعدها نقوم بحفظ الكتاب بصيغة pdf و ذلك من خلال الضغط على File ثم Print ثم اختيار Microsoft print to PDF من القائمة كما هو موضح في الصورة ادناه:

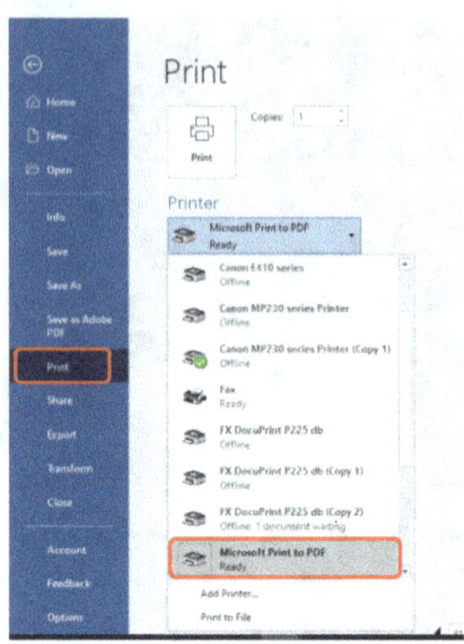

أو خيار تصدير Export ثم Export as PDF/XPS وبعدها إختيار مكان لحفظ الملف وبعدها يمكن الحصول على ملف بصيغة PDF جاهز للرفع على موقع لولو. ان تم اعتماد الخيار الاخير فيجب الاستعانة بخدمة اعادة ترتيب الصفحات لتبدء من آخر صفحة Reverse وتم تجربة الموقع أدانه بنجاح مع اللغتين العربية والانجليزية او يمكن الاستعانة باي برنامج أو موقع يقدم نفس الخدمة.

https://avepdf.com/en/reverse-pdf

**تضمين خطوط الملف**

في بعض الكتب باللغة العربية يجب تضمين الخطوط المستخدمة في ملف PDF ويتم ذلك عبر التوجه الى المسار

File – Options – Save – Embed fonts in the file

كما موضح في الصورة التالية

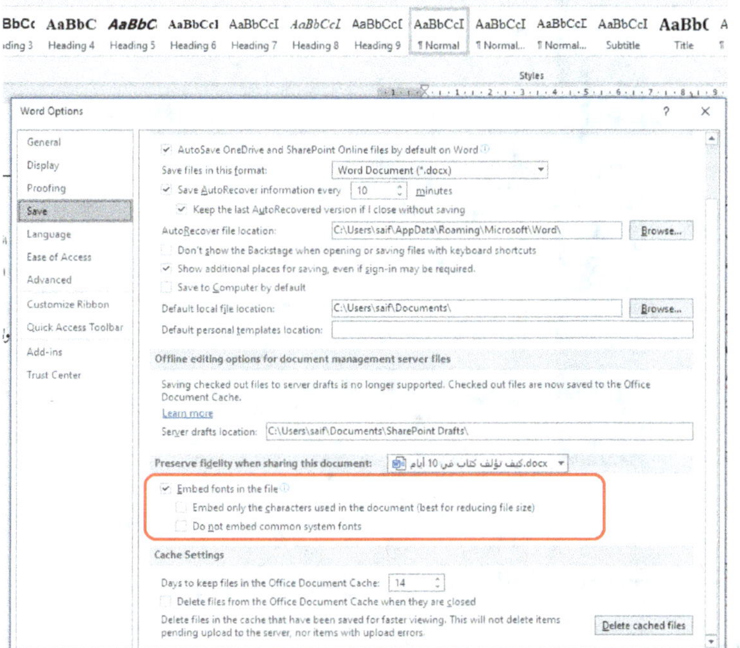

بعد ذلك يأتي قسم تحديد مواصفات الكتاب، كحجم الكتاب (الذي قمنا بأختياره مسبقاً) و عدد صفحات الكتاب.

**Book Size and Page Count**

The Book Size and Page Count are based on the Interior file you upload. To change these, please upload a revised PDF Interior file

BOOK SIZE

US Trade (6 x 9 in / 152 x 229 mm)

PAGE COUNT

106

ثم يتم اختيار نوع الطباعة الداخلية للكتاب، حيث يمكن اختيار الطباعة الاحترافية بالاسود و الابيض، او الاسود و الابيض الاساسية، او الملونة الاحترافية، او الملونة الاساسية. و تفاصيل كل واحدة من هذه الانواع موضحة في ملف خاص يمكن

تحميله من الموقع للراغبين بذلك.  و عادةً تكون الطباعة الملونة الاحترافية هي الاكثر سعراً. اما الكتابة بالاسود و الابيض فتكون بسعر معقول.

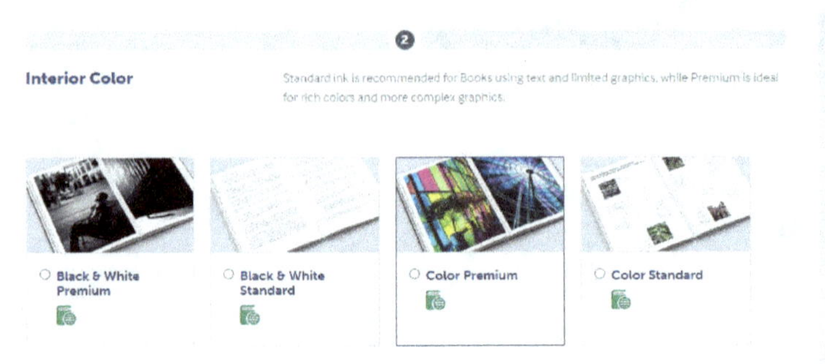

بعد ذلك نقوم بأختيار نوع الورق، حيث تتوفر ثلاثة انواع هي الورق ذو اللون الكريمي او الابيض او الابيض اللماع (كالورق المستخدم في المجلات).

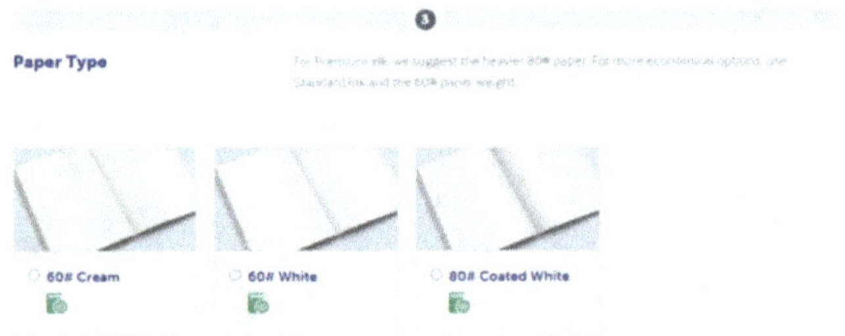

المرحلة الاخرى هي اختيار نوع التجليد لغلاف الكتاب، حيث تتوفر عدة انواع كما هو موضح في الصورة ادناه. نحن شخصياً نفضل اختيار Paperback انواع

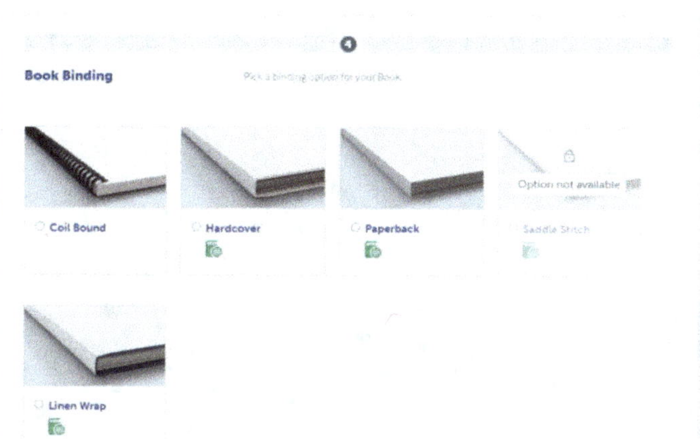

المرحلة التالية هي اختيار الغلاف اذا كان ورق الغلاف لماعاً او غير لماع. ثم يتم تحديد سعر كلفة الطباعة الاساسية للكتاب (بدون تكاليف الشحن او الارباح او غيرها).

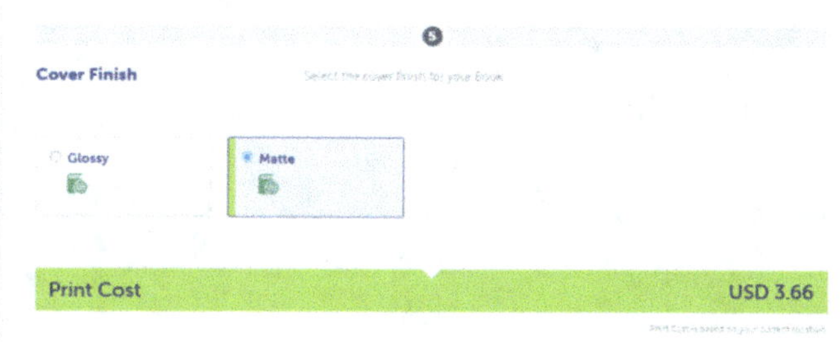

ثم يأتي قسم تصميم الغلاف، حيث توجد طريقتين،الاولى create a cover و هي طريقة بسيطة حيث يمكن عملها بشكل اوتوماتيكي في الموقع.

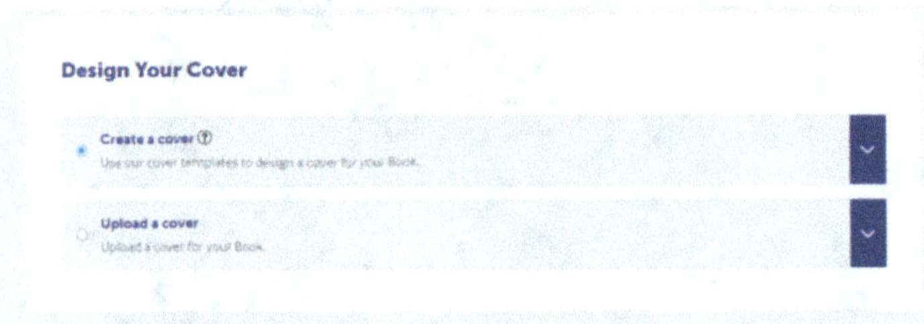

عند الضغط على هذا الاختيار و الضغط على السهم الخاص به الموجود على اليمين تظهر المعلومات المطلوبة لتصميم الغلاف كعنوان الكتاب و اسم المؤلف. كما توجد بعض الخيارات الاخرى كالالوان و الصور و القالب المتبع. لكن هذا الخيار لا يمكّن المؤلف من اضافة عنوان الكتاب و اسم المؤلف باللغة العربية و سيكون الغلاف الامامي في الموقع هو الغلاف الخلفي للكتاب و الذي يعتبر غير مناسب للكتب باللغة العربية كما هو موضح في الصورة ادناه.

لذلك يفضل استخدام الخيار الثاني Upload a cover و يمكن تحميل القالب الخاص بالكتاب و ارساله الى مصمم متخصص (من احد المواقع التي ذكرناها سابقاً ). ثم نقوم برفع الغلاف على موقع لولو عندما يكون جاهزاً و ذلك بالضغط على عبارة Upload your PDF

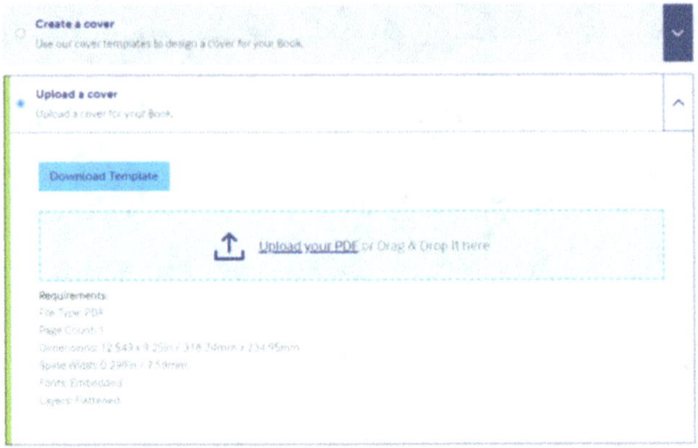

## ملاحظات مهمة:

اولاً: اذا كان الكتاب باللغة العربية فيجب ابلاغ المصمم بضرورة عكس الغلاف الامامي والخلفي بحيث يصبح القالب المخصص للغلاف الخلفي هو الغلاف الامامي للكتاب والذي يحتوي على عنوان الكتاب واسم المؤلف (باللغة العربية والانكليزية أيضا لضمان الحصول على توزيع عالمي)، اما القالب المخصص للغلاف الامامي فيصبح هو الغلاف الخلفي للكتاب والذي يحتوي على نبذة عن المؤلف (باللغة العربية و الانكليزية ايضاً) ورقم ISBN و الصورة الخاصة به.

ثانياً: يجب ان يكون الغلافان الامامي والخلفي مصممين كقطعة واحدة، الواحد بجانب الاخر، وايضا لا ننسى الحافة الجانبية للغلاف والتي يتم تحميلها ايضا مع القالب.

ثالثاً: إذا كنت تريد الطباعة بمبلغ معقول فيمكنك اختيار الطباعة بالاسود و الابيض على ورق ابيض او كريمي. انا شخصياً قمت بتجربة الاثنين وافضل حاليا الورق الكريمي لأنه مريح للعين، ولأنه يعطي مظهر احترافي للكتاب.

بعد الانتهاء من رفع غلاف الكتاب سوف تظهر معاينة للكتاب Preview و يمكن تصفح الكتاب فيها من خلال الاسهم الموجودة على اليمين و اليسار.

نقوم بفحص الكتاب و اجراء التعديلات اللازمة قبل الطباعة (كل تعديل في قسمه الخاص به). و عند الانتهاء من الفحص و التعديل نضغط على زر Print ready files الموجود في اسفل الصفحة على اليسار لغرض تحميل الكتاب. ثم نضغط على ADD Book Details

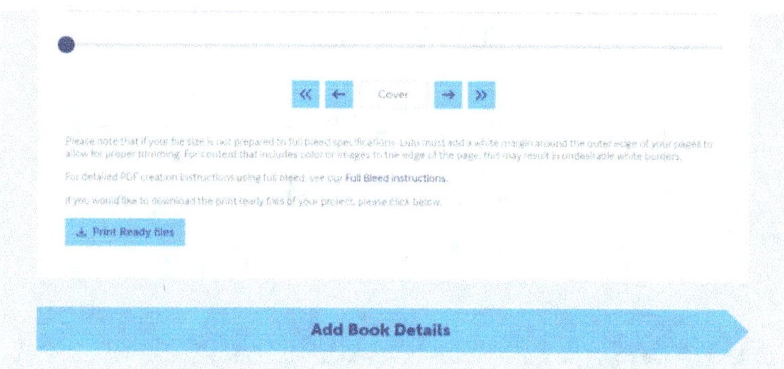

ننتقل الان الى صفحة تفاصيل الكتاب Details حيث يجب كتابة وصف خاص بالكتاب لكي يظهر في موقع لولو و المواقع الاخرى عند الترويج للكتاب، كما يجب ان يكون الحد الادنى للوصف 50 حرفاً.

كما يمكن اضافة وصف خاص بالمؤلف (اختياري) و فهرس الكتاب (اختياري ايضاً)

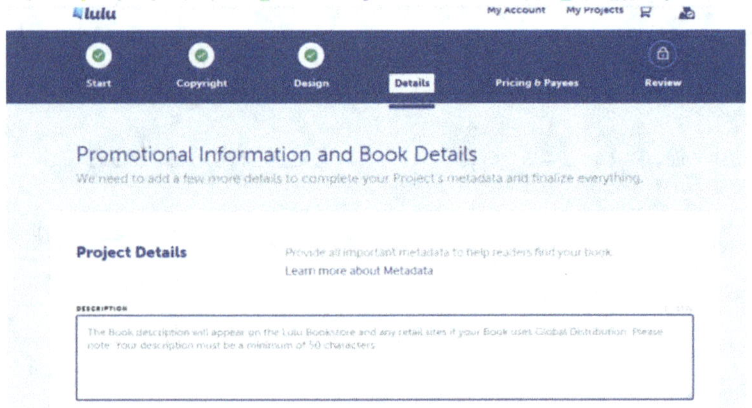

ثم يأتي قسم التصنيف و الكلمات المفتاحية، حيث يظهر القسم الرئيسي الذي قمنا بأختياره منذ البداية من القائمة، ثم يفضل ملئ التصنيف الاخر ايضاً. ثم يمكن كتابة الكلمات المفتاحية الخاصة بموضوع الكتاب.

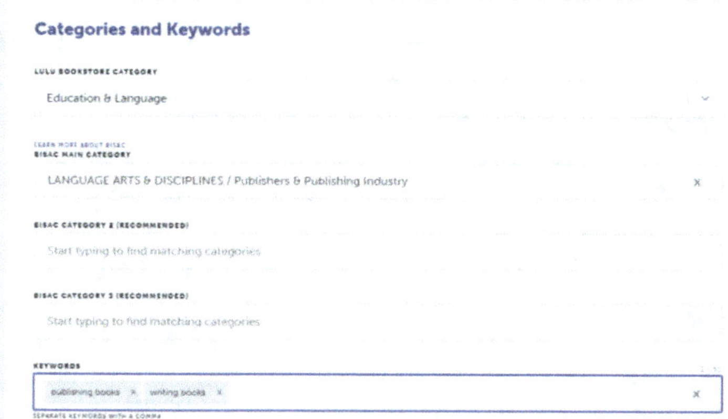

ثم نقوم بأختيار الفئة المستهدفة الخاصة بالكتاب الذي نقوم بتأليفه من القائمة التي يزودها الموقع. ثم نضغط على الزر الازرق الموجود في اسفل الصفحة للانتقال الى صفحة التسعير.

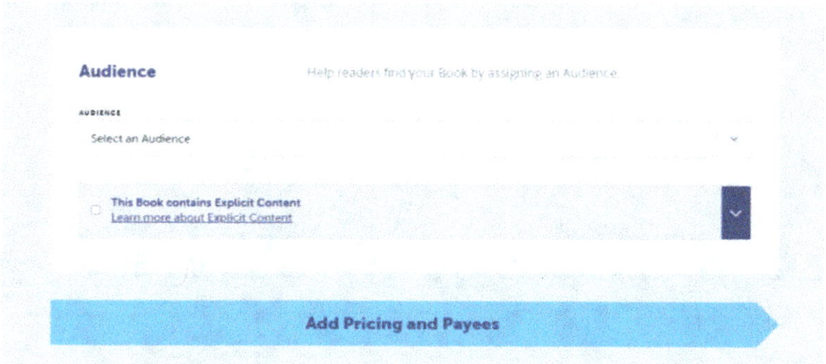

بعدها ننتقل الى صفحة تسعير الكتاب، و يمكن اختيار Revenue Goal او Fixed List Price

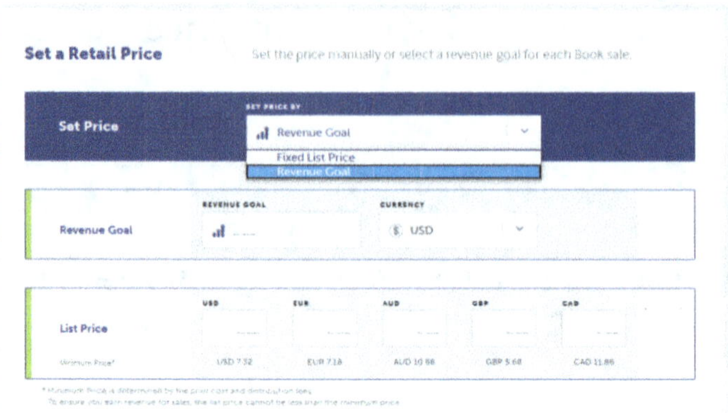

فعند اختيار Revenue Goal يجب ان نقوم بتحديد الربح الذي نريده من كل كتاب فمثلاً نحدد مبلغ 10 دولار كأرباح للكتاب الواحد، ثم يقوم الموقع بحساب الاسعار في عدة عملات كالدولار و اليورو و غيرها، كما في الصورة ادناه:

ملاحظة: Minimum Price هو الحد الادنى للسعر و هو تكاليف طباعة الكتاب و توزيعه.

و يوجد جدول آخر يوضح تفاصيل التسعير في موقع لولو

**Lulu Bookstore Revenue**

|  | USD | EUR | AUD | GBP | CAD |
|---|---|---|---|---|---|
| List Price | 32.32 | 29.41 | 46.86 | 25.71 | 45.74 |
| - Print Cost | 3.66 | 3.59 | 5.43 | 2.84 | 5.93 |
| - Distribution Fees | 0.00 | 0.00 | 0.00 | 0.00 | 0.00 |
| = Gross Profit | 28.66 | 25.82 | 41.43 | 22.87 | 39.81 |
| - Lulu Share | 5.73 | 5.16 | 8.29 | 4.57 | 7.96 |
| Your Revenue | 22.93 | 20.66 | 33.14 | 18.30 | 31.85 |

و جدول آخر للتسعير في المواقع العالمية الاخرى كموقع امازون و غيرها

**Global Distribution Revenue**

|  | USD | EUR | AUD | GBP | CAD |
|---|---|---|---|---|---|
| List Price | 32.32 | 29.41 | 46.86 | 25.71 | 45.74 |
| - Print Cost | 3.66 | 3.59 | 5.43 | 2.84 | 5.93 |
| - Distribution Fees | 16.16 | 14.70 | 23.43 | 12.86 | 22.87 |
| = Gross Profit | 12.50 | 11.12 | 18.00 | 10.01 | 16.94 |
| - Lulu Share | 2.50 | 2.22 | 3.60 | 2.00 | 3.39 |
| Your Revenue | 10.00 | 8.90 | 14.40 | 8.01 | 13.35 |

بعد ذلك يجب اضافة تفاصيل الشخص الذي يستلم المبلغ عند بيع الكتاب. حيث نضغط على الزر الازرق Add a New Payee

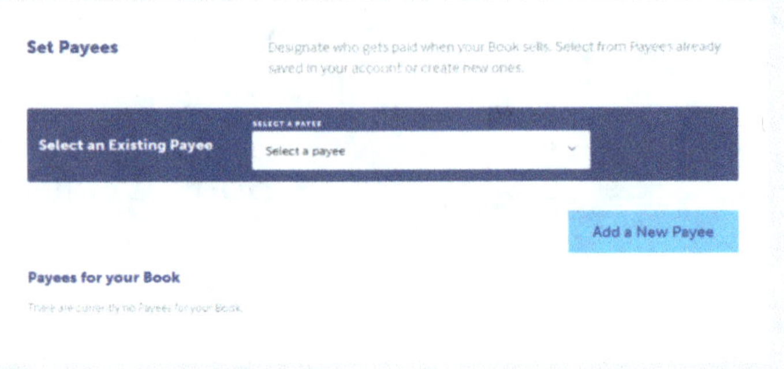



حيث تظهر قائمة يتم ملؤها بتفاصيل المستلم (الاسم — العنوان — الدولة — رقم الهاتف — البريد الالكتروني — العملة المستلمة — حساب ال Paypal )

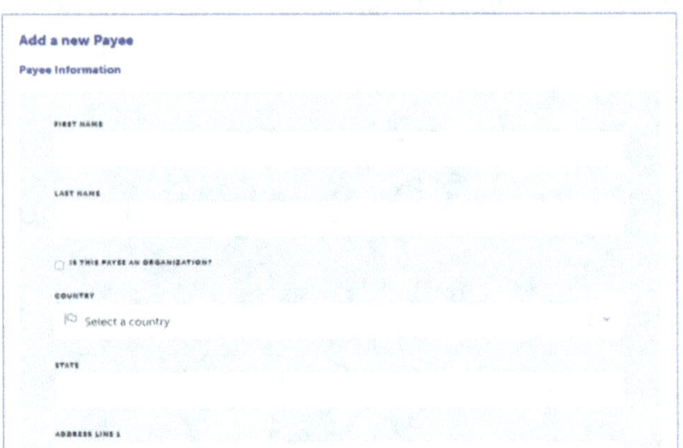



ثم نضغط Add Payee لأتمام اضافة تفاصيل المستلم ثم نضغط الزر الازرق الموجود في اسفل الصفحة Final Review للانتقال الى الصفحة الاخيرة

.

و عند الانتقال الى الصفحة الاخيرة تظهر مراجعة لجميع التفاصيل الخاصة بالكتاب مقسمة الى عدة اقسام. نقوم بمراجعة تفاصيل كل قسم و نضع علامة صح اسفل كل قسم اذا كانت المعلومات صحيحة، او نضغط على زر Revise Book Details الموجود على اليمين.

ثم نضغط على الزر الموجود اسفل الصفحة لشراء نسخة المؤلف Order a Proof Copy و هي خطوة الزامية لأتمام عملية طباعة الكتاب في موقع لولو.

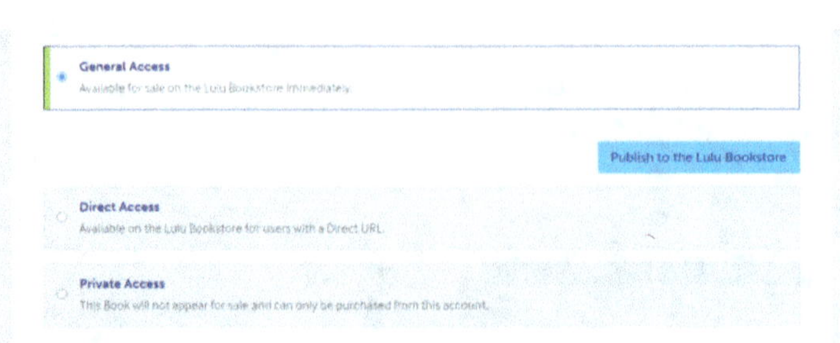


ثم يتم الانتقال الى صفحة اخرى تطلب منك ادخال طريقة الدفع الالكتروني و اسمك الكامل و رقم الهاتف و تفاصيل العنوان الذي سيتم ارسال الكتاب له و مبلغ شراء الكتاب و شحنه.



و يمكن الدفع للموقع من خلال طرق الدفع العالمية المعروفة الموضحة في الصورة ادناه:

اما إذا لم يكن لديك اي وسيلة دفع عالمية فقد وفر لك موقع فلسبي Filspay.com بطاقات متوفرة في الدول العربية يمكنك من خلالها تعبئة حسابك والحصول على رصيد يساعدك على الشراء من المواقع العالمية.

عند اتمام عملية الدفع، يمكنك البدأ بعملية النشر في المواقع العالمية مباشرة، او يمكنك الانتظار الى ان تستلم الكتاب.

أدناه صورة نموذج لكتابي في موقع أمازون :

وكذلك نموذج لاخر كتاب للدكتور سيف السويدي عن "صناعة المنصات الرقمية" قام باتباع الخطوات اعلاه وتم نشره على موقع امازون كما موضح أدناه

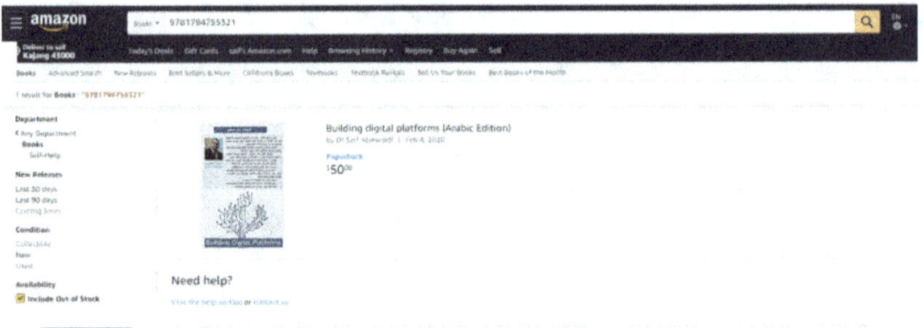

# خطة النشر في 10 أيام

الجدول التالي يوضح الخطة المتبعة لمن يرغب بتأليف كتاب و نشره في 10 ايام وهذا هو عنوان الكتاب. يمكن التحكم بعدد الايام حسب الحاجة وعدد الساعات التي تخصص لكل يوم فمثلا لو خصصت ثلاثة أيام بدل كل يوم لاصبح الوقت 30 يوما بدلا من 10 أيام. وددنا تبسيط الامور وجعلها ميسرة للجميع وان نزيل رهبة التأليف 

| الايام | الاعمال التي يقوم المؤلف بإنجازها | |
|---|---|---|
| اليوم الاول | اختيار الموضوع و مشاهدة الفيديوهات المتوفرة على اليوتيوب و البحث عن المصادر | |
| اليوم الثاني | عمل ملف العرض (البوربوينت) الخاص بالموضوع | |
| اليوم الثالث | التسجيل الصوتي لشرح ملف العرض | |
| اليوم الرابع | ارسال التسجيل الصوتي و ملف العرض الى احد مقدمي الخدمات لتحويل التسجيل الصوتي الى نص كتابي | تصميم الغلاف او ارساله الى احد المصممين |
| اليوم الخامس | تجهيز الاسئلة المتعلقة بالموضوع لغرض عمل مقابلة مع الخبراء و المتخصصين في المجال | |
| اليوم السادس | البحث عن المتخصصين و ارسال الاسئلة المجهزة للمقابلة عبر وسائل التواصل الالكتروني | |
| اليوم السابع | مراجعة التفريغ النصي المستلم و ترتيبه الى فصول و اقسام | |
| اليوم الثامن | ترتيب اجوبة الخبراء و تضمينها في الكتاب | |
| اليوم التاسع | ارسال الكتاب الى مدقق لغوي | |
| اليوم العاشر | رفع الكتاب على موقع لولو لغرض النشر | |

## الخاتمة

الحمد لله الذي يسر لنا اتمام هذا الكتاب المرجعي في تبسيط مفهوم التأليف ونسأل الله ان يعم نفعه شريحة واسعة من الناس وسنسعد برؤية كتبكم متوفرة في المتاجر العالمية.

نسأل الله تعالى التوفيق والقبول والاخلاص في العمل ولاتنسونا من صالح الدعاء

بعد القرآن الكريم


- محاضرة د.طه الزيدي ، "تجربتي في تأليف 50 كتابا" ، اكاديمية فلسبي 2019

- كتاب كيف تؤلف كتابا ، د.راشد بن حسين العبد الكريم، دار العلم للملايين ، مؤسسة محمد بن راشد آل مكتوم / الطبعة الأولى 2009

- Hill, N. (2011). *Think and grow rich*. Hachette UK.

- Himes, D., & Swanson, M. V. (2011). *Publish your photography book*. Princeton Architectural Press.

- Ross, M., & Collier, S. (2010). *The complete guide to self-publishing: Everything you need to know to write, publish, promote and sell your own book*. Penguin.

- Gohlman, W. E. (1986). *The Life of Ibn Sina*. Suny Press.

- Bookology bootcamp, 12–14 July 2019, Kuala Lumpur, Malaysia

- The Knowledge Business Blueprint, onlince course, Tony Robbins, Dean Graziosi, Russell Ransdon